Grundlagen

1

Grundgesetz

Das Grundgesetz für die Bundesrepublik Deutschland wurde vom erstmals am 1. September 1948 zusammengekommenen Parlamentarischen Rat (65 Vertreter der elf deutschen Länder in den drei westlichen Besatzungszonen) erarbeitet. Es trat am 23. Mai 1949 in Kraft.

I. Die Grundrechte
Artikel 1

(1) Die Würde des Menschen ist unantastbar. Sie zu achten und zu schützen ist Verpflichtung aller staatlichen Gewalt.

(2) Das Deutsche Volk bekennt sich darum zu unverletzlichen und unveräußerlichen Menschenrechten als Grundlage jeder menschlichen Gemeinschaft, des Friedens und der Gerechtigkeit in der Welt.

(3) Die nachfolgenden Grundrechte binden Gesetzgebung, vollziehende Gewalt und Rechtsprechung als unmittelbar geltendes Recht.

2
Flagge

Die Flagge der Bundesrepublik Deutschland oder Bundesflagge ist eine Trikolore aus drei gleichgroßen horizontalen Balken in Schwarz, Rot und Gold mit dem Seitenverhältnis 3:5.

Die Farben **Schwarz, Rot, Gold** stammen aus der Zeit der napoleonischen Befreiungskriege Anfang des 19. Jahrhunderts und symbolisieren die nationale Einheit Deutschlands unter demokratischen Vorzeichen.

Bundesflagge

Bundesdienstflagge mit Bundesschild
(private Nutzung verboten)

Bundesflagge mit Staatswappen
(private Nutzung geduldet)

3

Hymne

Gesungen wird die dritte Strophe aus dem Gedicht
„Das Lied der Deutschen" von August Heinrich Hoffmann von Fallersleben
(geschrieben am 26. August 1841 auf der Insel Helgoland).

Die Melodie entspricht der Kaiserhymne von Joseph Haydn
(komponiert 1796/97 in Wien).

Anlässe:

• Bei Staatsbesuchen erklingt zur Begrüßung des
Gastes die Hymne seines Heimatlandes. Danach
folgt die deutsche Hymne.

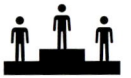

• Bei Sportveranstaltungen:
z. B. anlässlich der Siegerehrung, Spiele
der Nationalmannschaften, Eröffnung
der Olympischen Spiele

• Bei der Bundeswehr:
z. B. beim Gelöbnis oder Großen Zapfenstreich

QR-Code
Link zum Text und Ton der Nationalhymne

3. Strophe

Ei - nig - keit und Recht und Frei - heit
Da - nach lasst uns al - le stre - ben

für das deut - sche Va - ter - land!
brü - der - lich mit Herz und Hand!

Ei - nig - keit und Recht und Frei - heit

sind des Glük- kes Un - ter - pfand.

Blüh' im Glan - ze die - ses Glük- kes,

blü - he deut - sches Va - ter - land!

Stadt

Land

Fluss

4

Geografie

Unsere Republik liegt auf dem nördlichen Teil der Erdkugel
zwischen dem 5. und 16. Grad östlicher Länge sowie dem
47. und 56. Grad nördlicher Breite.

Der Mittelpunkt Deutschlands liegt etwa 500 Meter nördlich
des Ortes Niederdorla im Landkreis Unstrut-Hainich in Thüringen.

Seine geografischen Koordinaten sind:
51° 09' 48" nördliche Breite, 10° 26' 52" östliche Länge

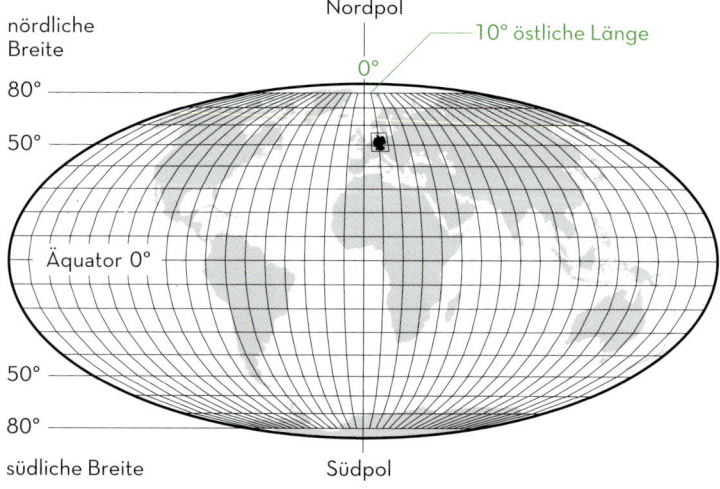

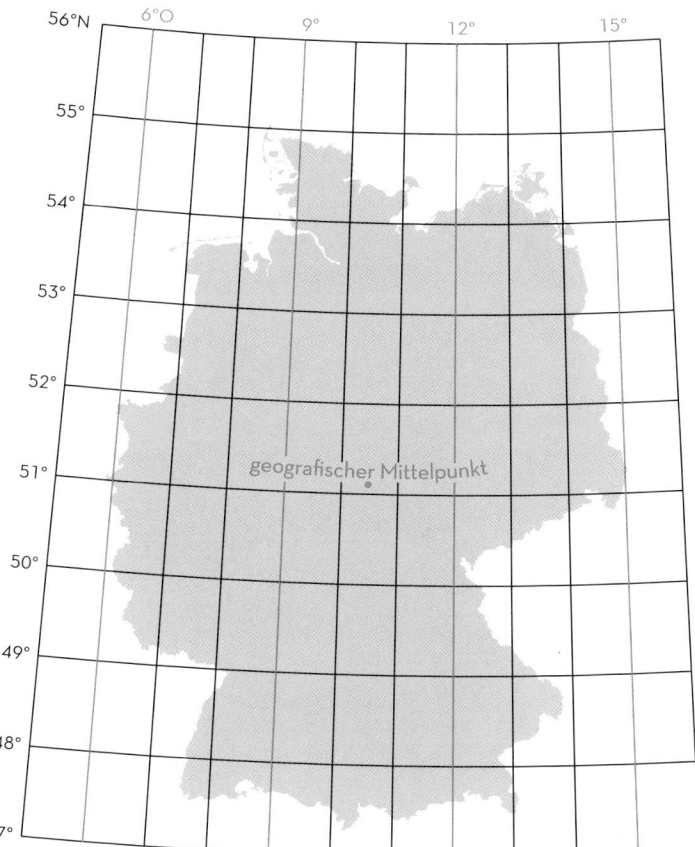

56°N 6°O   9°   12°   15°

55°

54°

53°

52°

51° geografischer Mittelpunkt

50°

49°

48°

47°

5

Bundesländer

Die Wappen der 16 Länder

Schleswig-
Holstein

Hamburg

Niedersachsen

Mecklenburg-
Vorpommern

Bremen

Sachsen-
Anhalt

Brandenburg

Berlin

Nordrhein-
Westfalen

Hessen

Thüringen

Sachsen

Saarland

Rheinland-
Pfalz

Baden-
Württemberg

Bayern

BUNDESLAND
* Stadtstaaten
** Stadtstaat und
   Bundeshauptstadt
● Landeshauptstadt

Kiel
SCHLESWIG-
HOLSTEIN

MECKLENBURG-
VORPOMMERN

HAMBURG*
BREMEN*
(mit Bremerhaven)

Schwerin

BRANDENBURG

NIEDERSACHSEN

Hannover

BERLIN**

Potsdam

Magdeburg

NORDRHEIN-
WESTFALEN

SACHSEN-
ANHALT

Düsseldorf

Dresden

Erfurt

SACHSEN

HESSEN

THÜRINGEN

RHEINLAND-
PFALZ

Wiesbaden

Mainz

SAARLAND

Saarbrücken

BAYERN

Stuttgart

BADEN-
WÜRTTEMBERG

München

6

Land oder Stadt

In Deutschland gibt es insgesamt 295 Landkreise. Rund ein Drittel der Bevölkerung lebt jedoch in den 110 (kreisfreien) Städten.

Auf die einzelnen Bundesländer verteilen sich die Landkreise + kreisfreien Städte (inklusive der Sonderfälle Hannover, Göttingen und Aachen) wie folgt:

Baden-Württemberg: 35 + 9
Bayern: 71 + 25
Brandenburg: 14 + 4
Hessen: 21 + 5
Mecklenburg-Vorpommern: 6 + 2
Niedersachsen: 38 (inkl. Hannover und Göttingen) + 8 + (2)
Nordrhein-Westfalen: 31 (inkl. Städteregion Aachen) + 22 + (1)
Rheinland-Pfalz: 24 + 12
Saarland: 6 (inkl. Regionalverband Saarbrücken) + 0
Sachsen: 10 + 3
Sachsen-Anhalt: 11 + 3
Schleswig-Holstein: 11 + 4
Thüringen: 17 + 6

Berlin, Hamburg, Bremen (mit Bremerhaven)*
sind gleichzeitig auch Bundesländer.

* Bremen und Bremerhaven gelten als selbstständige Kommunen

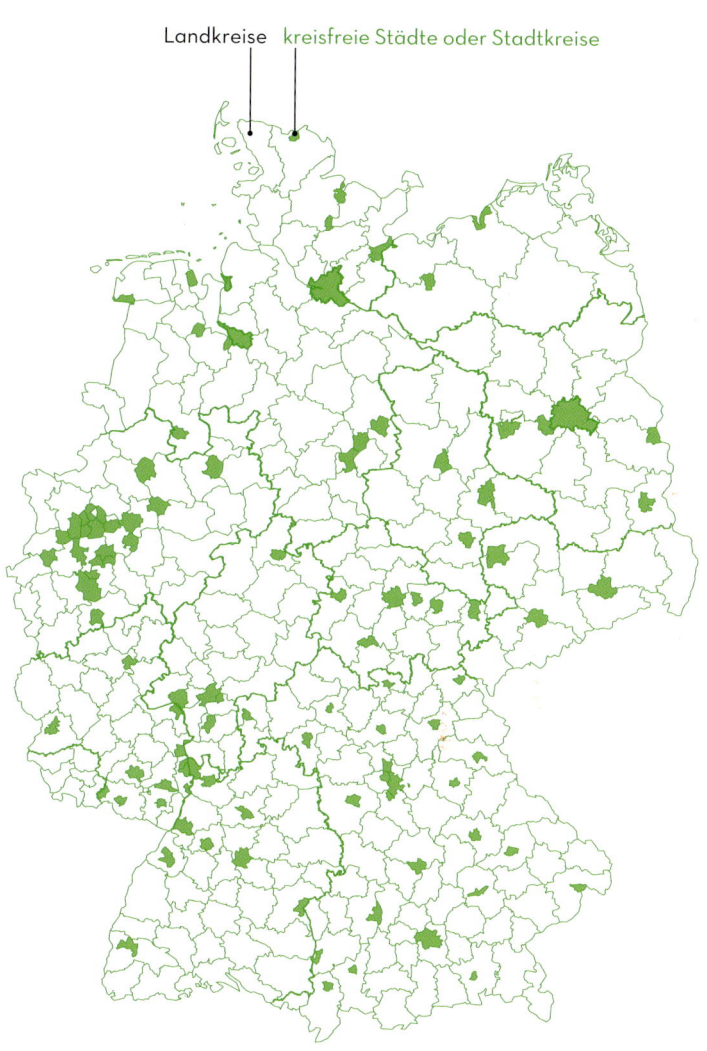

Landkreise   kreisfreie Städte oder Stadtkreise

7

Gipfel

Die höchsten Erhebungen je Bundesland

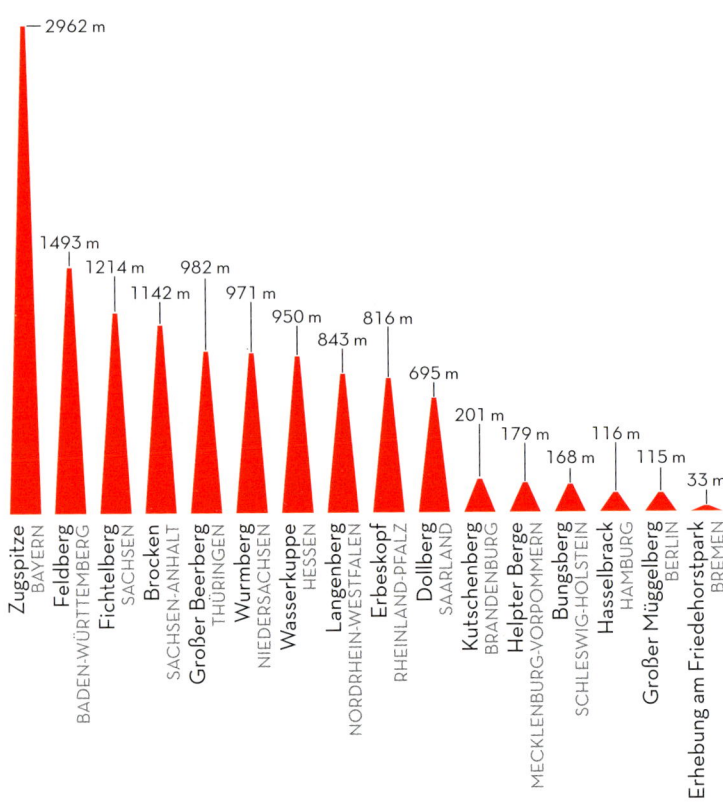

- 2962 m
- 1493 m
- 1214 m
- 1142 m
- 982 m
- 971 m
- 950 m
- 843 m
- 816 m
- 695 m
- 201 m
- 179 m
- 168 m
- 116 m
- 115 m
- 33 m

Zugspitze BAYERN
Feldberg BADEN-WÜRTTEMBERG
Fichtelberg SACHSEN
Brocken SACHSEN-ANHALT
Großer Beerberg THÜRINGEN
Wurmberg NIEDERSACHSEN
Wasserkuppe HESSEN
Langenberg NORDRHEIN-WESTFALEN
Erbeskopf RHEINLAND-PFALZ
Dollberg SAARLAND
Kutschenberg BRANDENBURG
Helpter Berge MECKLENBURG-VORPOMMERN
Bungsberg SCHLESWIG-HOLSTEIN
Hasselbrack HAMBURG
Großer Müggelberg BERLIN
Erhebung am Friedehorstpark BREMEN

Die wichtigsten Gebirge

Bungsberg

Hasselbrack

Erhebung am
Friedehorstpark

Helpter
Berge

Großer
Müggelberg

Brocken

Wurmberg

HARZ

Kutschenberg

Langenberg

SAUER-
LAND

Großer Beerberg

ERZGEBIRGE

Wasserkuppe

THÜRINGER
WALD

EIFEL

HUNSRÜCK

TAUNUS

RHÖN

Fichtelberg

Erbeskopf

Dollberg

SCHWARZWALD

SCHWÄBISCHE ALB

BAYERISCHER WALD

Feldberg

BAYERISCHE ALPEN

Zugspitze

8

Längste Flüsse

Die Flüsse wurden an den gekennzeichneten Stellen (|) begradigt.

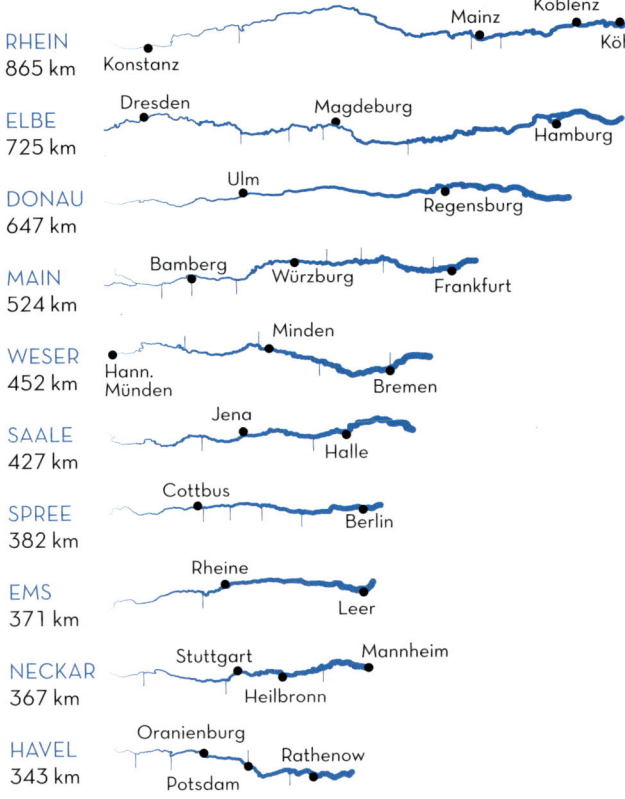

RHEIN
865 km
Konstanz · Mainz · Koblenz · Köln

ELBE
725 km
Dresden · Magdeburg · Hamburg

DONAU
647 km
Ulm · Regensburg

MAIN
524 km
Bamberg · Würzburg · Frankfurt

WESER
452 km
Hann. Münden · Minden · Bremen

SAALE
427 km
Jena · Halle

SPREE
382 km
Cottbus · Berlin

EMS
371 km
Rheine · Leer

NECKAR
367 km
Stuttgart · Heilbronn · Mannheim

HAVEL
343 km
Oranienburg · Potsdam · Rathenow

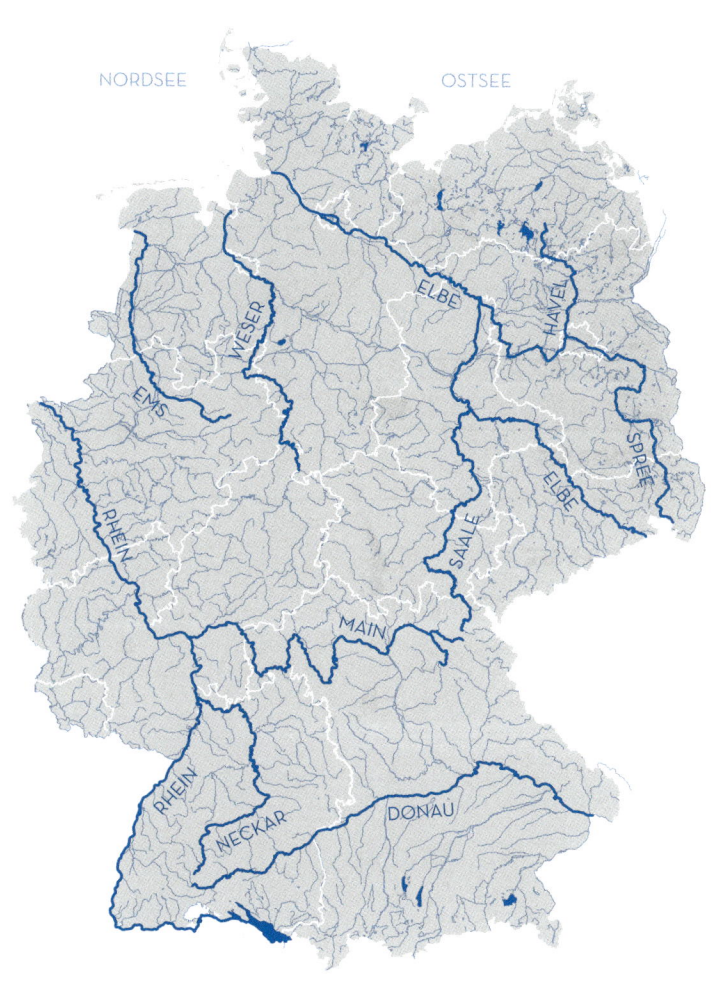

NORDSEE

OSTSEE

WESER

ELBE

HAVEL

EMS

SPREE

RHEIN

ELBE

SAALE

MAIN

RHEIN

NECKAR

DONAU

9

Größte Seen

BODENSEE
535,9 km²

MÜRITZ
109,2 km²

CHIEMSEE
79,9 km²

SCHWERINER SEE
61,5 km²

STARNBERGER SEE
56,4 km²

AMMERSEE
46,6 km²

PLAUER SEE
38,4 km²

KUMMEROWER SEE
32,5 km²

STEINHUDER MEER
29,1 km²

GROSSER PLÖNER SEE
29,1 km²

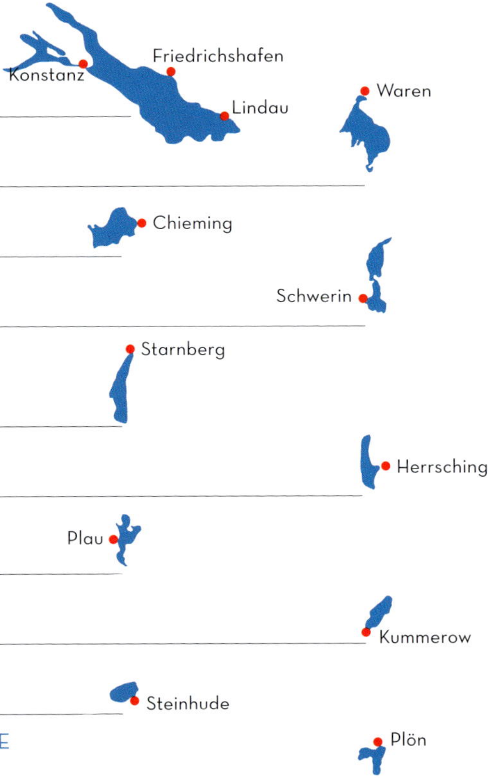

Friedrichshafen
Konstanz
Lindau
Waren

Chieming

Schwerin

Starnberg

Herrsching

Plau

Kummerow

Steinhude

Plön

Großer Plöner See

Kummerower See

Schweriner See

Plauer See

Müritz

Steinhuder Meer

Ammersee

Bodensee

Chiemsee

Starnberger See

10

Unsere Nachbarn

Deutschlands Grenzen sind insgesamt 3757 Kilometer lang.
An unser Land grenzen neun Nachbarstaaten.

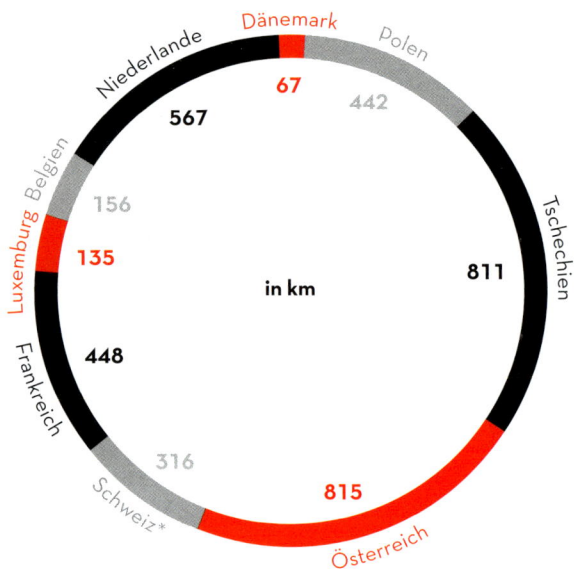

Dänemark

Polen

Niederlande

67

442

567

Belgien

Luxemburg

156

135

in km

Tschechien

811

Frankreich

448

Schweiz *

316

815

Österreich

* mit Enklave Büsingen, ohne Bodensee

Kopenhagen

DÄNEMARK

Ostseeküste
1900 km

Nordseeküste
1760 km

NIEDERLANDE

Warschau

Amsterdam

Berlin

POLEN

Brüssel

BELGIEN

Prag

LUXEMBURG

TSCHECHIEN

Paris

Wien

FRANKREICH

ÖSTERREICH

Bern

SCHWEIZ

	deutsche Grenze
	Wirtschaftszone
	Küste
	12-Seemeilenzone/ Küstenmeer

11

Größte Städte

Nach Einwohnern

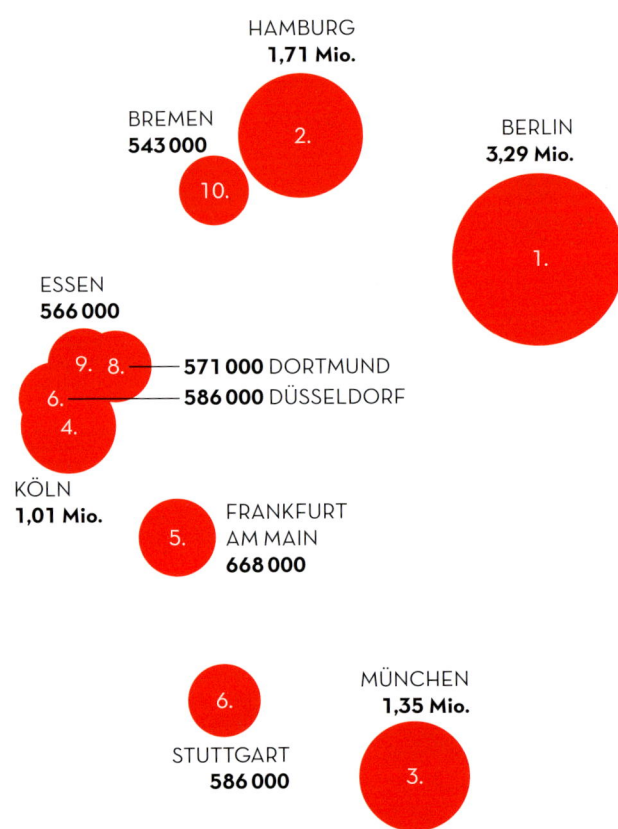

HAMBURG
1,71 Mio.

BREMEN
543 000

BERLIN
3,29 Mio.

2.

10.

1.

ESSEN
566 000

9. 8. ——— **571 000** DORTMUND
6. ——— **586 000** DÜSSELDORF
4.

KÖLN
1,01 Mio.

5.

FRANKFURT
AM MAIN
668 000

6.

MÜNCHEN
1,35 Mio.

3.

STUTTGART
586 000

Wälder & Naturparks

31 % Waldfläche

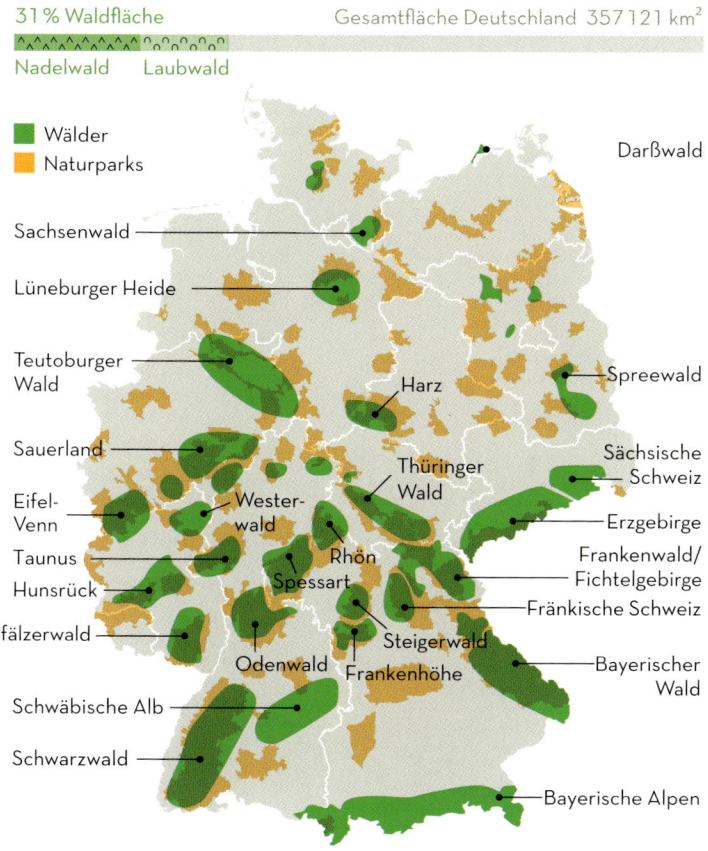

Gesamtfläche Deutschland 357 121 km²

Nadelwald   Laubwald

Wälder
Naturparks

Darßwald

Sachsenwald

Lüneburger Heide

Teutoburger Wald

Harz

Spreewald

Sauerland

Sächsische Schweiz

Thüringer Wald

Eifel-Venn

Westerwald

Erzgebirge

Taunus

Rhön

Frankenwald/Fichtelgebirge

Hunsrück

Spessart

Fränkische Schweiz

Pfälzerwald

Steigerwald

Odenwald

Frankenhöhe

Bayerischer Wald

Schwäbische Alb

Schwarzwald

Bayerische Alpen

13

Bäume

Baumarten und ihre höchste natürliche Lebensdauer

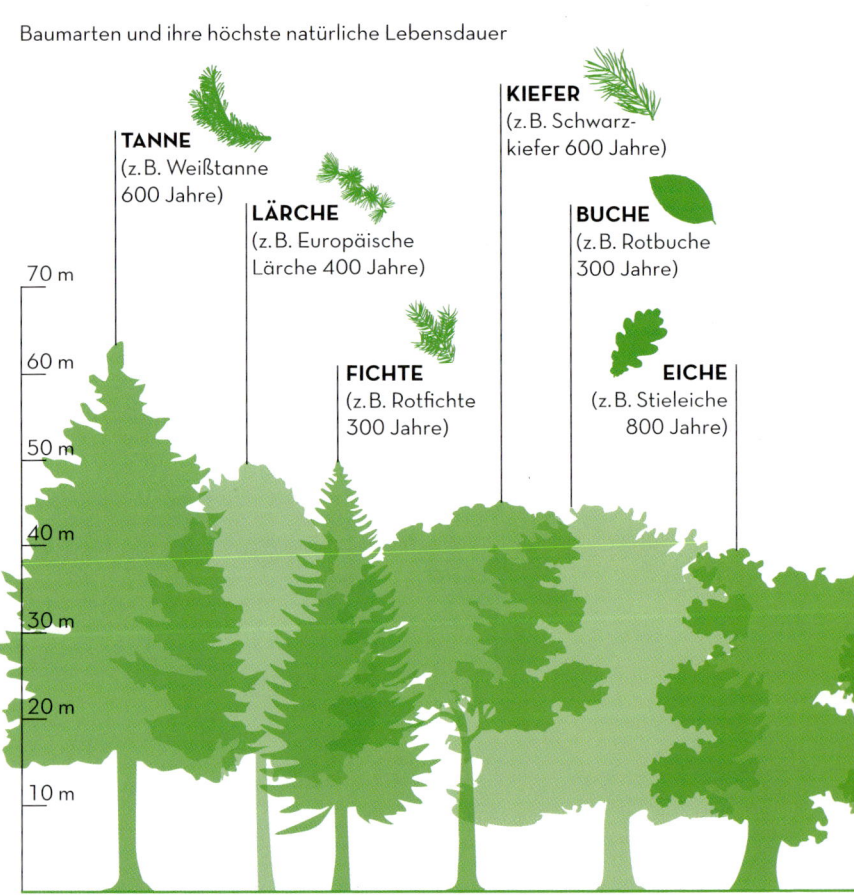

TANNE
(z. B. Weißtanne
600 Jahre)

KIEFER
(z. B. Schwarz-
kiefer 600 Jahre)

LÄRCHE
(z. B. Europäische
Lärche 400 Jahre)

BUCHE
(z. B. Rotbuche
300 Jahre)

FICHTE
(z. B. Rotfichte
300 Jahre)

EICHE
(z. B. Stieleiche
800 Jahre)

70 m

60 m

50 m

40 m

30 m

20 m

10 m

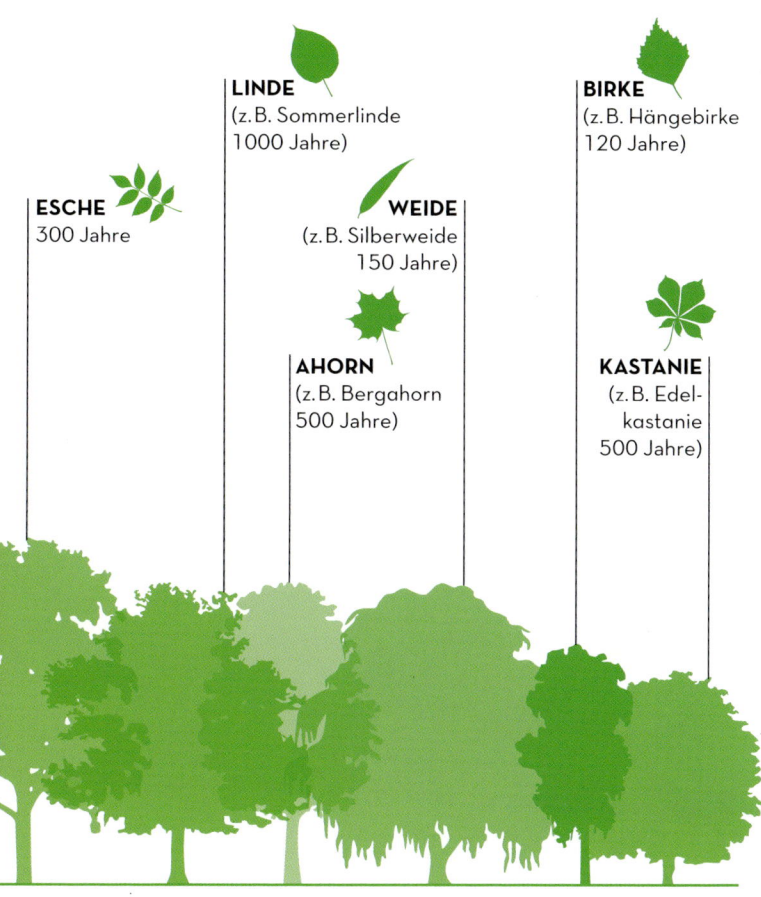

ESCHE
300 Jahre

LINDE
(z. B. Sommerlinde
1000 Jahre)

WEIDE
(z. B. Silberweide
150 Jahre)

AHORN
(z. B. Bergahorn
500 Jahre)

BIRKE
(z. B. Hängebirke
120 Jahre)

KASTANIE
(z. B. Edel-
kastanie
500 Jahre)

14
Wilde Tiere

In Deutschland gibt es 91 freilebende Säugetierarten.

REH

ELCH

ROT-
HIRSCH

LUCHS

WOLF

WILDSCHWEIN

WILDKATZE

DACHS

FUCHS

FELDHASE

BIBER

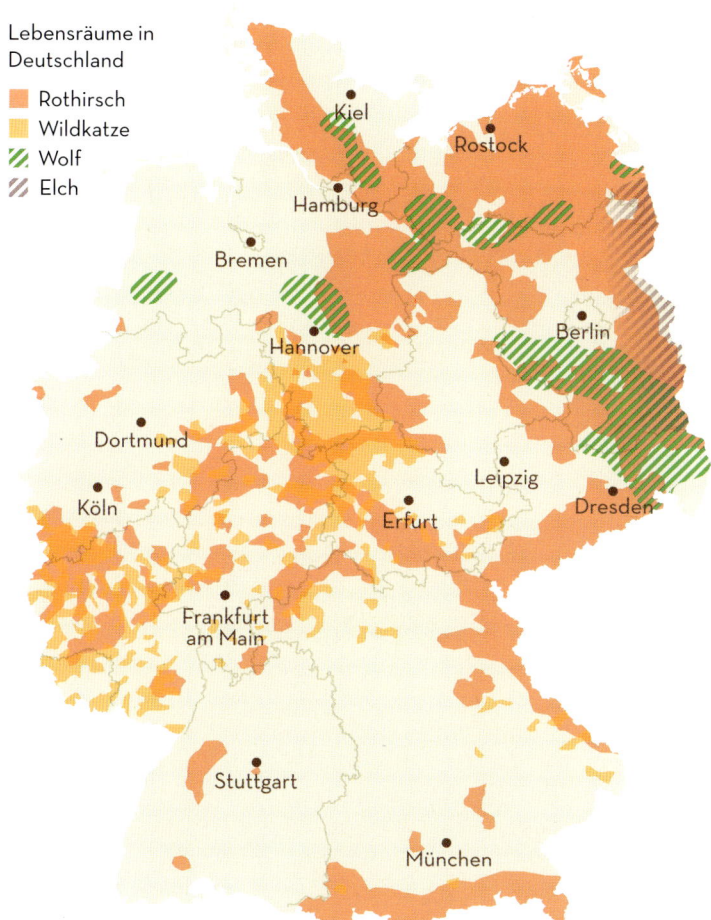

Lebensräume in
Deutschland

- Rothirsch
- Wildkatze
- Wolf
- Elch

Kiel
Rostock
Hamburg
Bremen
Hannover
Berlin
Dortmund
Leipzig
Köln
Erfurt
Dresden
Frankfurt
am Main
Stuttgart
München

Architektur

15

Hochhäuser

Neun der zehn höchsten Gebäude stehen in Frankfurt am Main.

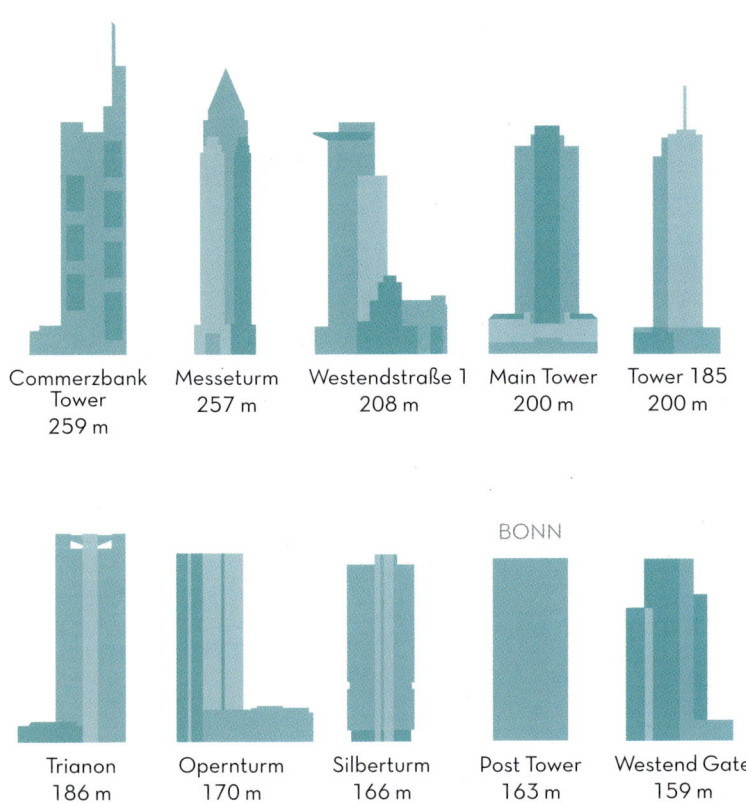

Commerzbank
Tower
259 m

Messeturm
257 m

Westendstraße 1
208 m

Main Tower
200 m

Tower 185
200 m

BONN

Trianon
186 m

Opernturm
170 m

Silberturm
166 m

Post Tower
163 m

Westend Gate
159 m

Fernsehtürme

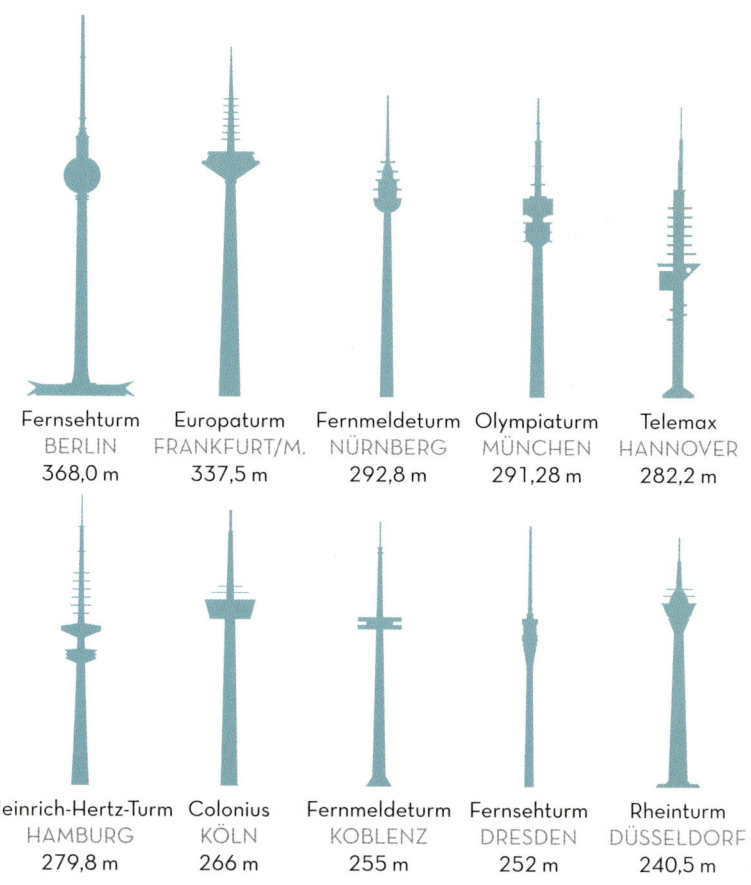

Fernsehturm
BERLIN
368,0 m

Europaturm
FRANKFURT/M.
337,5 m

Fernmeldeturm
NÜRNBERG
292,8 m

Olympiaturm
MÜNCHEN
291,28 m

Telemax
HANNOVER
282,2 m

Heinrich-Hertz-Turm
HAMBURG
279,8 m

Colonius
KÖLN
266 m

Fernmeldeturm
KOBLENZ
255 m

Fernsehturm
DRESDEN
252 m

Rheinturm
DÜSSELDORF
240,5 m

17

Leuchttürme

Die schönsten Türme

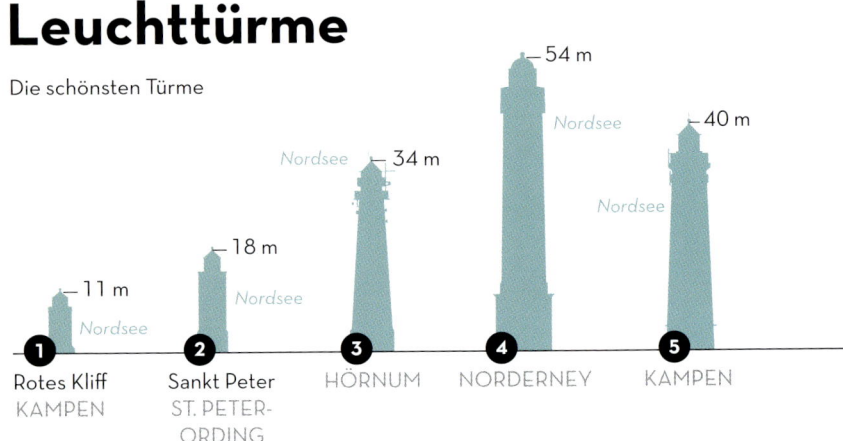

54 m

40 m

Nordsee

34 m

Nordsee

Nordsee

18 m

Nordsee

11 m

Nordsee

1 Rotes Kliff
KAMPEN

2 Sankt Peter
ST. PETER-
ORDING

3 HÖRNUM

4 NORDERNEY

5 KAMPEN

18

Kirchen

Die zehn höchsten Gotteshäuser

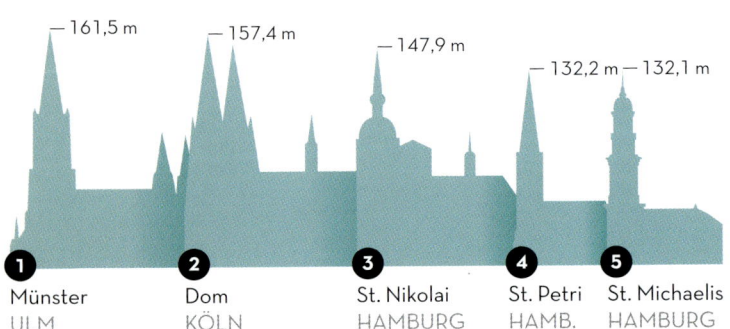

161,5 m

157,4 m

147,9 m

132,2 m   132,1 m

1 Münster
ULM

2 Dom
KÖLN

3 St. Nikolai
HAMBURG

4 St. Petri
HAMB.

5 St. Michaelis
HAMBURG

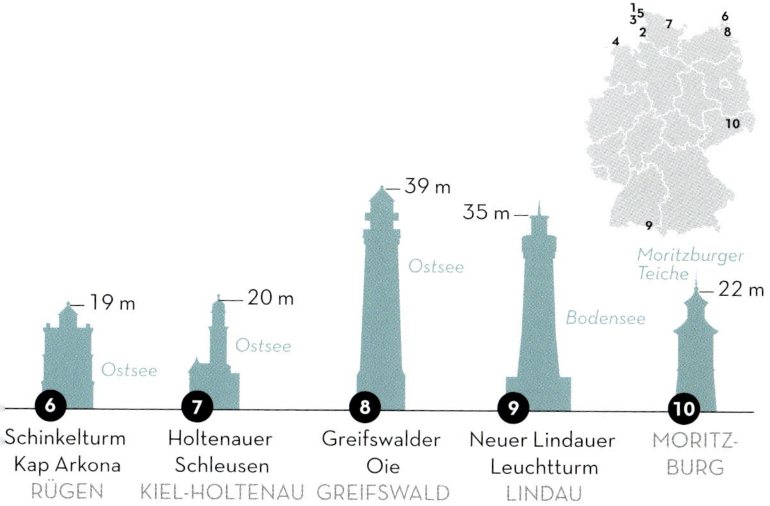

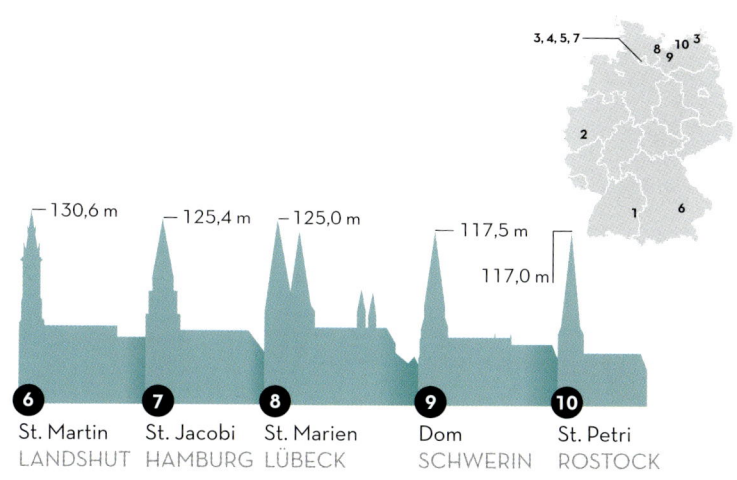

— 39 m

— 35 m

Ostsee

Bodensee

— 22 m

Moritzburger Teiche

— 19 m

— 20 m

Ostsee

Ostsee

Ostsee

6 Schinkelturm Kap Arkona
RÜGEN

7 Holtenauer Schleusen
KIEL-HOLTENAU

8 Greifswalder Oie
GREIFSWALD

9 Neuer Lindauer Leuchtturm
LINDAU

10 MORITZ-BURG

— 130,6 m

— 125,4 m

— 125,0 m

— 117,5 m

— 117,0 m

6 St. Martin
LANDSHUT

7 St. Jacobi
HAMBURG

8 St. Marien
LÜBECK

9 Dom
SCHWERIN

10 St. Petri
ROSTOCK

3, 4, 5, 7

8 9 10 3

2

1 6

19

Straßenbrücken

Die zehn längsten Brücken für den Straßenverkehr

Rügenbrücke STRALSUND   4105 m

Köhlbrandbrücke HAMBURG   3618 m

Hochbrücke BRUNSBÜTTEL   2831 m

Hochbrücke RENDSBURG   2486 m

Ruhrtalbrücke MÜLHEIM-MINTARD   1800 m

Ahrtalbrücke BAD NEUENAHR-AHRWEILER   1521 m

Rheinkniebrücke DÜSSELDORF   1519 m

Kurt-Schumacher-Brücke MANNHEIM   1500 m

Rader Hochbrücke RENDSBURG   1498 m

Talbrücke PFEDDERSHEIM   1471 m

Architekten

HELMUT W. **JOOS**
Bürogründung: 1963
1980 (JSK Architekten)

MEINHARD VON
**GERKAN
& VOLKWIN MARG**
Bürogründung: 1965 Flughafen
Berlin-Tegel, Hauptbahnhof Berlin

HELMUT **JAHN**
*1940 Frankfurter Messeturm

GÜNTER **BEHNISCH**
1922 - 2010 Münchner Olympiagelände

OSWALD MATHIAS
UNGERS
1926-2007

EGON **EIERMANN**
1904-1970
Nachkriegsmoderne

FREI
PAUL **OTTO**
*1925 Olympia-
stadion München

HANS **SCHAROUN**
1893-1972 Organische Architektur

ERICH **MENDELSOHN**
1887-1953 Streamline Architektur

HANS
POELZIG
1869-1936
Neue Sachlichkeit

BRUNO
TAUT
1880-1938
Neues Bauen

WALTER
GROPIUS
1883-1969 Bauhaus-Begründer

BALTHASAR **NEUMANN** 1687-1753 Barock und Rokoko

GOTTFRIED **SEMPER**
1803-1879 Historismus, Neorenaissance

ALBERT **SPEER**
1905-1981

Architekt
des National-
sozialismus

PETER
BEHRENS
1868-1940
Sachliche Architektur

KARL FRIEDRICH
SCHINKEL
1781-1841 Klassizismus
in Preußen

ELIAS **HOLL**
1573-1646

MATTHÄUS DANIEL
PÖPPELMANN
1662-1736 Barock, Rokoko

21

Stadien

Nach der maximalen Zuschauerkapazität

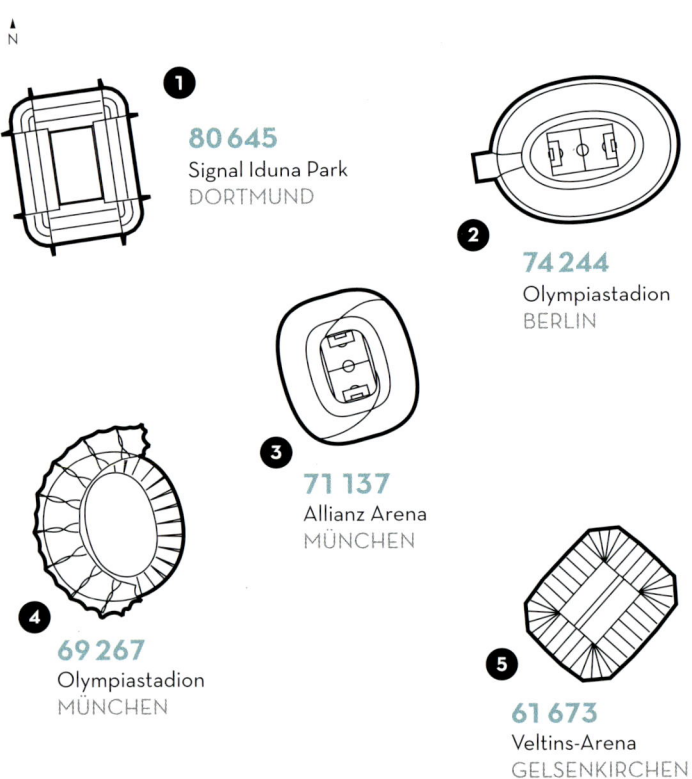

N

1 80 645
Signal Iduna Park
DORTMUND

2 74 244
Olympiastadion
BERLIN

3 71 137
Allianz Arena
MÜNCHEN

4 69 267
Olympiastadion
MÜNCHEN

5 61 673
Veltins-Arena
GELSENKIRCHEN

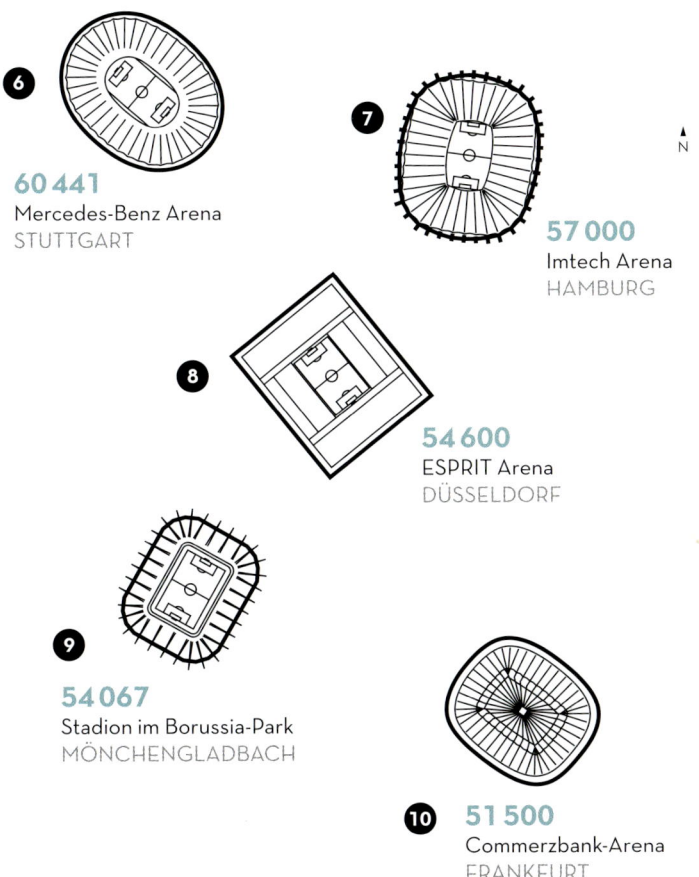

6

60 441
Mercedes-Benz Arena
STUTTGART

7

57 000
Imtech Arena
HAMBURG

N

8

54 600
ESPRIT Arena
DÜSSELDORF

9

54 067
Stadion im Borussia-Park
MÖNCHENGLADBACH

10

51 500
Commerzbank-Arena
FRANKFURT

22

Konzerthallen

Die zehn größten Konzerthallen nach Fassungsvermögen

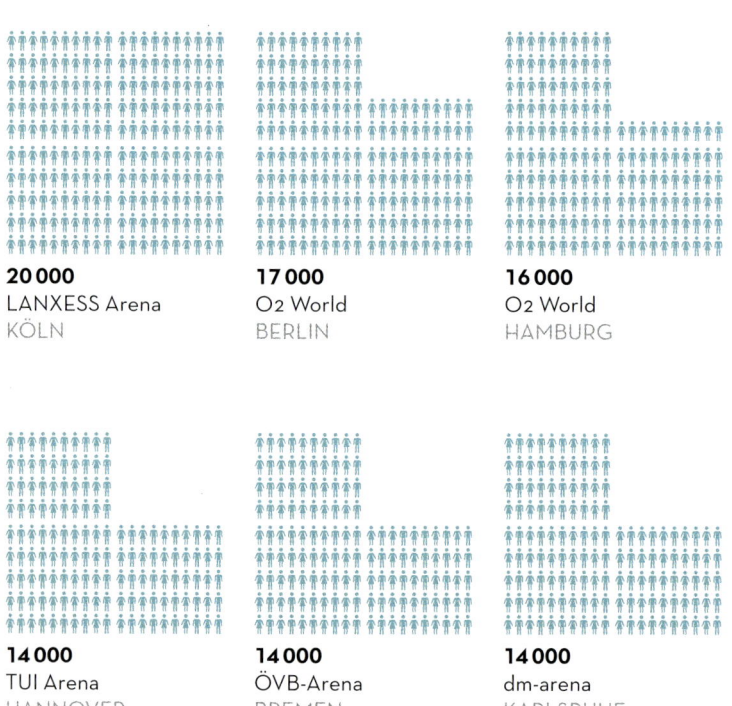

Eine Figur steht für 100 Menschen

20 000
LANXESS Arena
KÖLN

17 000
O2 World
BERLIN

16 000
O2 World
HAMBURG

14 000
TUI Arena
HANNOVER

14 000
ÖVB-Arena
BREMEN

14 000
dm-arena
KARLSRUHE

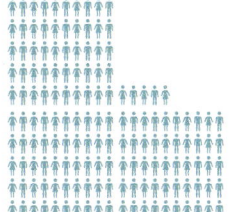

15 500
Olympiahalle
MÜNCHEN

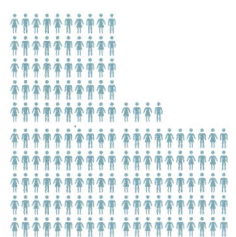

15 380
Westfalenhalle
DORTMUND

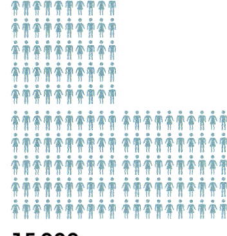

15 000
SAP-Arena
MANNHEIM

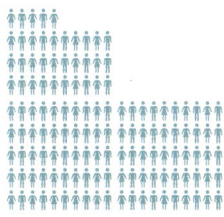

13 500
Festhalle
FRANKFURT AM MAIN

Geschichte

23

Zeittafel

Heiliges
Römisches Reich
um 1400

Heiliges
Römisches Reich
1648

■ Ereignisse   ■ Herrscher   ■ Kriege

800 bis 1750	
MITTELALTER	FRÜHE NEUZEIT

800 • 1000 • 1200 • 1400 • 1600 • 1700

800
Kaiser-
krönung
**Karl der
Große**
in Rom

962
Krönung
**Otto I. der
Große**, Kaiser
des Heiligen
Römischen
Reiches

1191
Gründung des
**deutschen
Ritterordens**

1618 – 48
**Dreißigjähriger
Krieg**

1450
Johannes **Gutenberg**
erfindet den **Buchdruck**
mit beweglichen Lettern

1356
Goldene Bulle regelt die Wahl des
Kaisers und Königs durch die Kurfürsten

1250 – 73
Interregnum
Kaiserlose
Zeit

1517
Martin Luther veröffentlicht
seine 95 Thesen, Beginn der
Reformation

1077
**Gang nach
Canossa**:
Heinrich IV.
leistet Abbitte
bei Gregor VI.

1555
**Augsburger Religions-
frieden** – friedliche und
dauerhafte Koexistenz
von Luthertum und
Katholizismus im
Heiligen Römischen
Reich Deutscher Nation

Deutscher Bund
1815

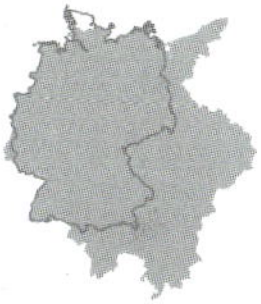

Deutsches Reich
1871–1918

geteiltes
Deutschland
1949–1990

Deutschland
heute

1750 bis heute

NEUZEIT

1800   1850   1900   1950   2000

40-86
ufstieg
reußens
ur Groß-
acht unter
riedrich II.

Königreich Preußen

1815-66   **Deutscher Bund**

Deutsches Kaiserreich   **1871 – 1918**

Erster Weltkrieg **1914 - 18**

Weimarer Republik **1918 - 33**

Nationalsozialistisches „Drittes Reich" **1933 - 45**

Zweiter Weltkrieg **1939 - 45**

1949
Gründung der
Bundesrepublik
Deutschland (BRD)
und der **Deutschen**
Demokratischen
Republik (DDR)

1756 - 63
Sieben-
jähriger
Krieg

1806
Ende des
Heiligen
Römischen
Reiches

1848
Märzrevolution:
Nationalversammlung in der
Paulskirche in Frankfurt

1961
Bau
der
Mauer

1989
Mauerfall

Völkerschlacht **1813**
bei Leipzig: Niederlage
Napoleons gegen die
vereinigten Armeen
Russlands, Preußens
und Österreichs

1862
Otto von Bismarck wird
preußischer Ministerpräsident

1870 - 71
Deutsch-Französischer Krieg

1871
Reichsgründung

1990
Wieder-
vereinigung
Deutsch-
lands

24

Dynastien

Zeiträume, in denen Adelsfamilien einen deutschen
König oder Kaiser des Reiches stellten

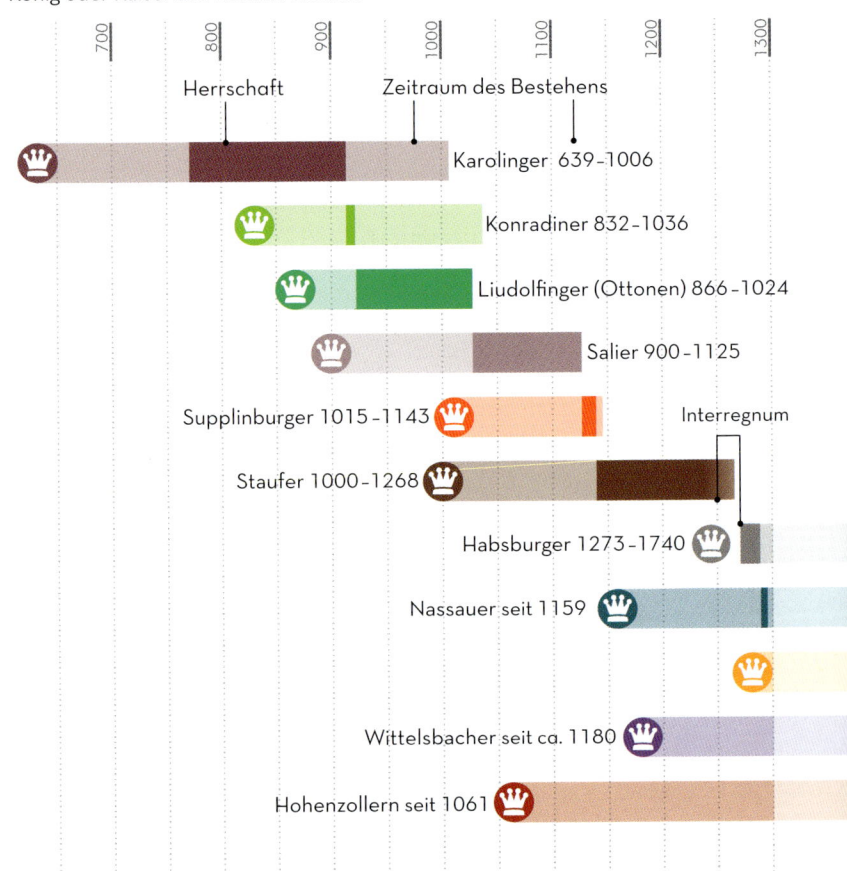

700 · 800 · 900 · 1000 · 1100 · 1200 · 1300

Herrschaft   Zeitraum des Bestehens

Karolinger 639–1006

Konradiner 832–1036

Liudolfinger (Ottonen) 866–1024

Salier 900–1125

Supplinburger 1015–1143

Interregnum

Staufer 1000–1268

Habsburger 1273–1740

Nassauer seit 1159

Wittelsbacher seit ca. 1180

Hohenzollern seit 1061

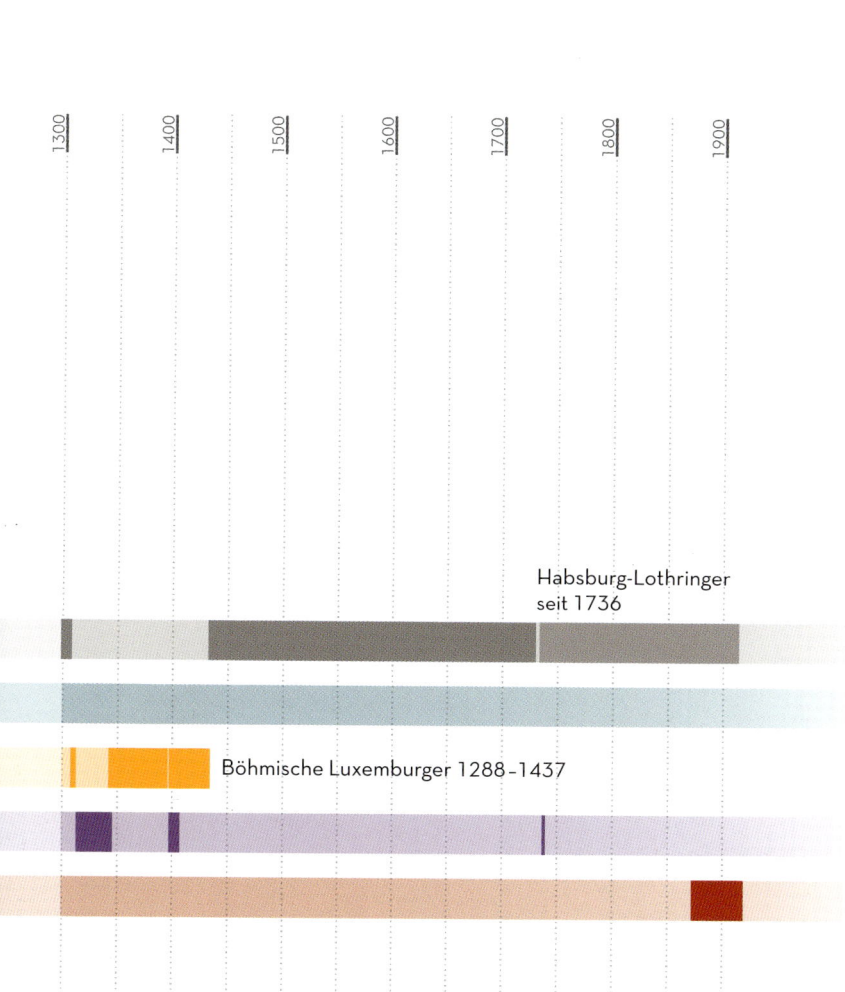

1300 1400 1500 1600 1700 1800 1900

Habsburg-Lothringer
seit 1736

Böhmische Luxemburger 1288–1437

Holocaust

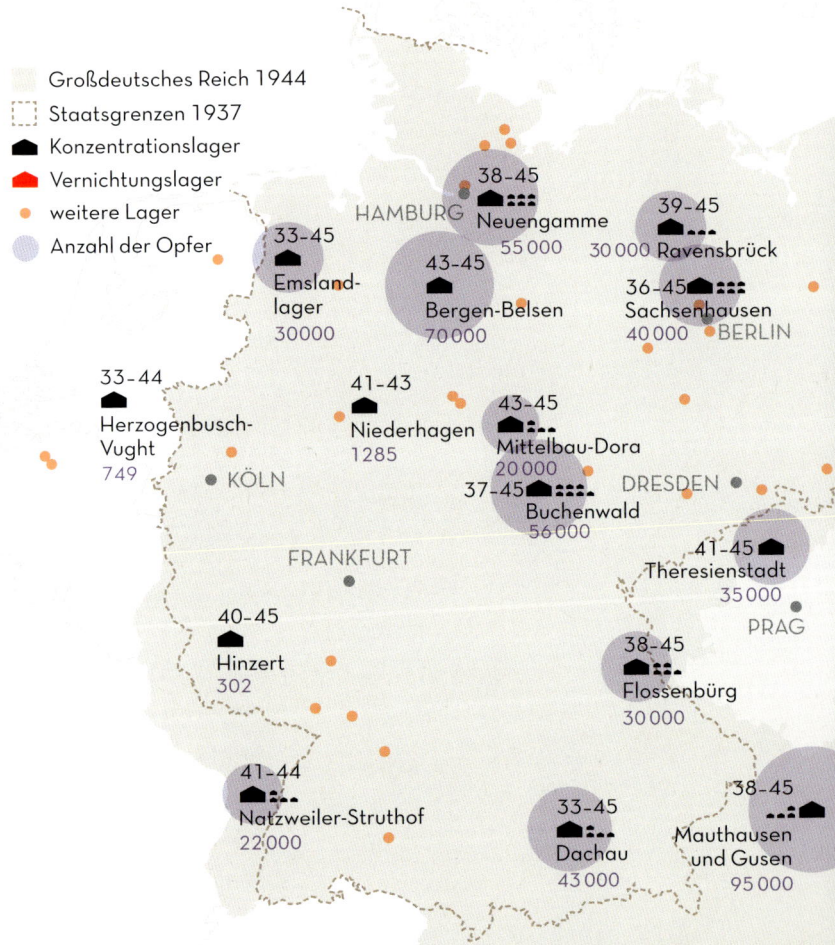

Großdeutsches Reich 1944

Staatsgrenzen 1937

Konzentrationslager

Vernichtungslager

weitere Lager

Anzahl der Opfer

HAMBURG

38–45
Neuengamme
55 000

39–45
Ravensbrück
30 000

33–45
Emsland-
lager
30 000

43–45
Bergen-Belsen
70 000

36–45
Sachsenhausen
40 000 BERLIN

33–44
Herzogenbusch-
Vught
749

41–43
Niederhagen
1285

KÖLN

43–45
Mittelbau-Dora
20 000

37–45
Buchenwald
56 000

DRESDEN

FRANKFURT

41–45
Theresienstadt
35 000

PRAG

40–45
Hinzert
302

38–45
Flossenbürg
30 000

41–44
Natzweiler-Struthof
22 000

33–45
Dachau
43 000

38–45
Mauthausen
und Gusen
95 000

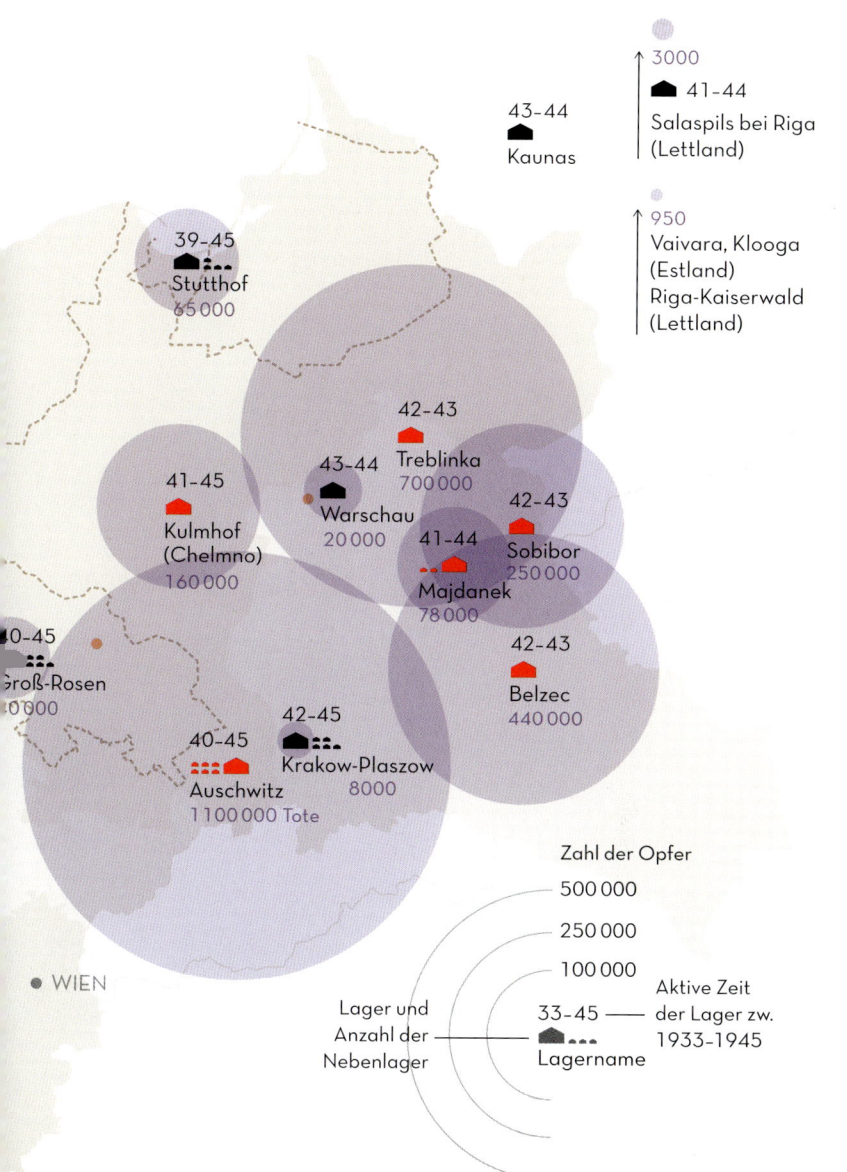

43–44
Kaunas

3000
41–44
Salaspils bei Riga
(Lettland)

950
Vaivara, Klooga
(Estland)
Riga-Kaiserwald
(Lettland)

39–45
Stutthof
65 000

42–43
Treblinka
700 000

43–44
Warschau
20 000

41–45
Kulmhof
(Chelmno)
160 000

41–44
Majdanek
78 000

42–43
Sobibor
250 000

40–45
Groß-Rosen
0 000

42–43
Belzec
440 000

42–45
Krakow-Plaszow
8 000

40–45
Auschwitz
1 100 000 Tote

WIEN

Zahl der Opfer

500 000
250 000
100 000

33–45 — Aktive Zeit
der Lager zw.
1933–1945
Lagername

Lager und
Anzahl der
Nebenlager

26

Deutsche Teilung

Zwischen 1949 und 1990 existierten zwei deutsche Staaten:
die BRD und die DDR.

GETEILTES BERLIN

Grenz- und Sperrgebiet
Zugang nur mit Genehmigung

Grenzstreifen / „Todeszone"

······· Sektorengrenzen 1945–1990

⇐ Mauern und Zäune

O Grenzübergänge für Personen,
Kfz, Schiffe und Bahnen

GETEILTES
DEUTSCHLAND

········ Besatzungszonen
1945–1949

USA

Innerdeutsche
Grenze

Berlin (West)

● BERLIN (OST)

BRITISCHE
BESATZUNGSZONE

DEUTSCHE
DEMOKRATISCHE
REPUBLIK

SOWJETISCHE
BESATZUNGSZONE

● BONN

BUNDESREPUBLIK
DEUTSCHLAND

FRANZÖSISCHE
BESATZUNGSZONE

AMERIKANISCHE
BESATZUNGSZONE

FRANZÖSISCHE
BESATZUNGSZONE

27
Schwere Unglücke

In Deutschland ereignet sich alle vier Sekunden ein Unfall. Eine Auswahl der schwersten Unglücke, die sich in unser Gedächtnis eingebrannt haben.

24.07.2010
LOVEPARADE 2010
DUISBURG
21 Tote, 541 Verletzte

11.03.2009
**AMOKLAUF AN DER ALBERTVILLE-
REALSCHULE** WINNENDEN
17 Tote

03.03.2009
EINSTURZ DES STADTARCHIVS
KÖLN
2 Tote

22.11.2006
TRANSRAPID-UNGLÜCK
LATHEN
23 Tote, 10 Verletzte

01.07.2002
FLUGZEUGKOLLISION
ÜBERLINGEN
71 Tote

26.04.2002
**AMOKLAUF AM GUTENBERG-
GYMNASIUM** ERFURT
17 Tote

12.04.1999
SCHWEBEBAHNUNFALL
WUPPERTAL
5 Tote, 47 Verletzte

03.06.1998
ICE-UNFALL
ESCHEDE
101 Tote, 88 Verletzte

11.04.1996
BRANDKATASTROPHE
FLUGHAFEN DÜSSELDORF
17 Tote, 88 Verletzte

28.08.1988
FLUGSCHAU-UNGLÜCK
RAMSTEIN
70 Tote, ca. 1000 Verletzte

02.10.1984
BARKASSENUNGLÜCK
HAMBURG
19 Tote

11.07.1968
CHEMIEUNFALL
BITTERFELD
42 Tote, 200 Verletzte

20.02.1946
GRUBENUNGLÜCK
BERGKAMEN
405 tote Bergarbeiter

21.11.1921
**EXPLOSION DES STICKSTOFF-
WERKS** OPPAU
561 Tote

Politik

28

Wie gehe ich wählen?

Der Wähler
hat zwei Stimmen:

Erststimme

Zweitstimme

Vereinfachte Darstellung
am Beispiel der Bundes-
tagswahl 2013

Briefwahl

Wahlberechtigter

Wahllokal (Wahlbezirk)

Am Wahltag geöffnet von 8 bis 18 Uhr

Beisitzer
- Vorzeigen der **Wahlbenachrichtigung**
- Wähler erhält einen **Stimmzettel**

Schriftführer
- **Prüfung der Wahlberechtigung**
- Stimmabgabe wird vermerkt

Wahl-kabine
- **geheimer Wahlvorgang**/Abgabe der Stimme
- Stimmzettel muss gefaltet werden

Wahl-vorsteher
- Einwurf des Stimmzettels in die **Wahlurne**
- Stimmabgabe wird vermerkt

Auszählen aller Stimmzettel ab 18 Uhr

299 Abgeordnete der 299 Wahlkreise
ziehen direkt in das Parlament ein.

.bgeordneter ——————— **Direktmandat** ——→

es Wahlkreises

andesliste ——————————————————→

es Bundeslandes

**Deutscher
Bundestag**
598 Sitze

Verhältniswahl

Die Zweitstimme ist die
maßgebliche Stimme für
die **Sitzverteilung der
Parteien im Parlament.**

Die anderen
299 Abgeordneten
werden von den Parteien
nach der Reihenfolge
in den Landeslisten in
das Parlament geschickt.

Überhangmandate
Überhangmandate
entstehen, wenn eine
Partei über die Erst-
stimme mehr Direkt-
mandate erringt, als
ihr Sitze gemäß der
Anzahl der Zweit-
stimme aus der Ver-
hältniswahl zustehen
würden. So kann es zu
mehr als 598 Sitzen im
Bundestag kommen.
Bei der Bundestags-
wahl 2013 gab es 32
Überhangmandate
und damit 630 Sitze.

**Bekanntgabe des
Wahlergebnisses**

↑

Bundeswahlleiter

↑

Landeswahlleiter

↑

Kreiswahlleiter

Übermittlung
der Wahl-
ergebnisse

ffnen der Briefe
b ca. 15 Uhr

rüfung der
ahlberechtigung

timmzettel
 die **Wahlurne**
ür Briefwahl

↓

riefwahl-
orsteher ——————→

uszählen
ler Stimmzettel
b 18 Uhr

29

Bundespräsidenten

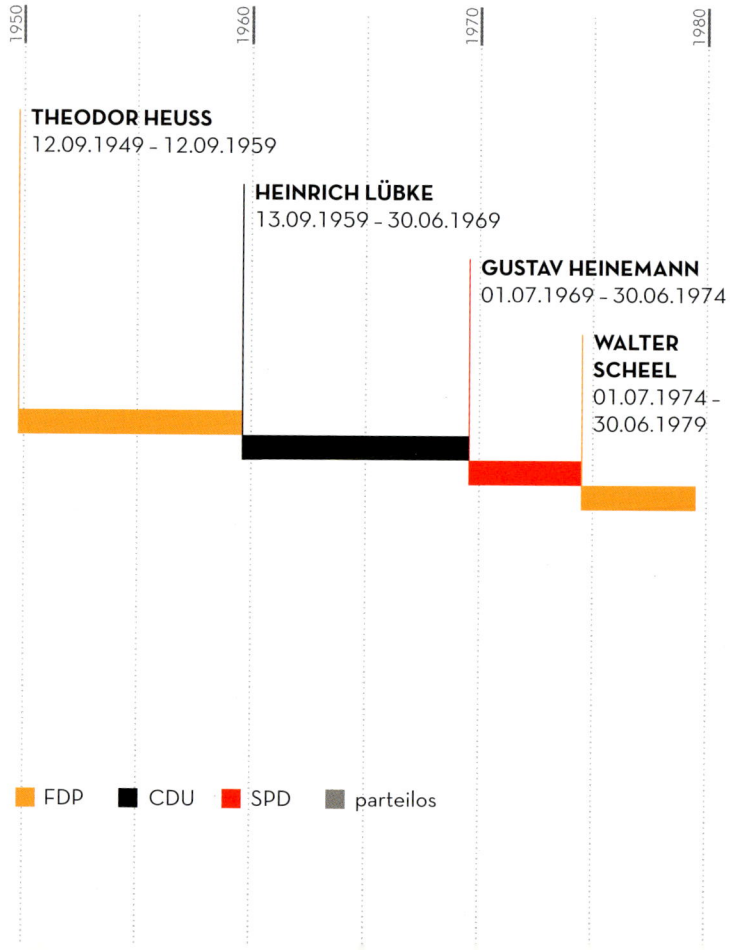

1950   1960   1970   1980

THEODOR HEUSS
12.09.1949 – 12.09.1959

HEINRICH LÜBKE
13.09.1959 – 30.06.1969

GUSTAV HEINEMANN
01.07.1969 – 30.06.1974

WALTER SCHEEL
01.07.1974 – 30.06.1979

FDP   CDU   SPD   parteilos

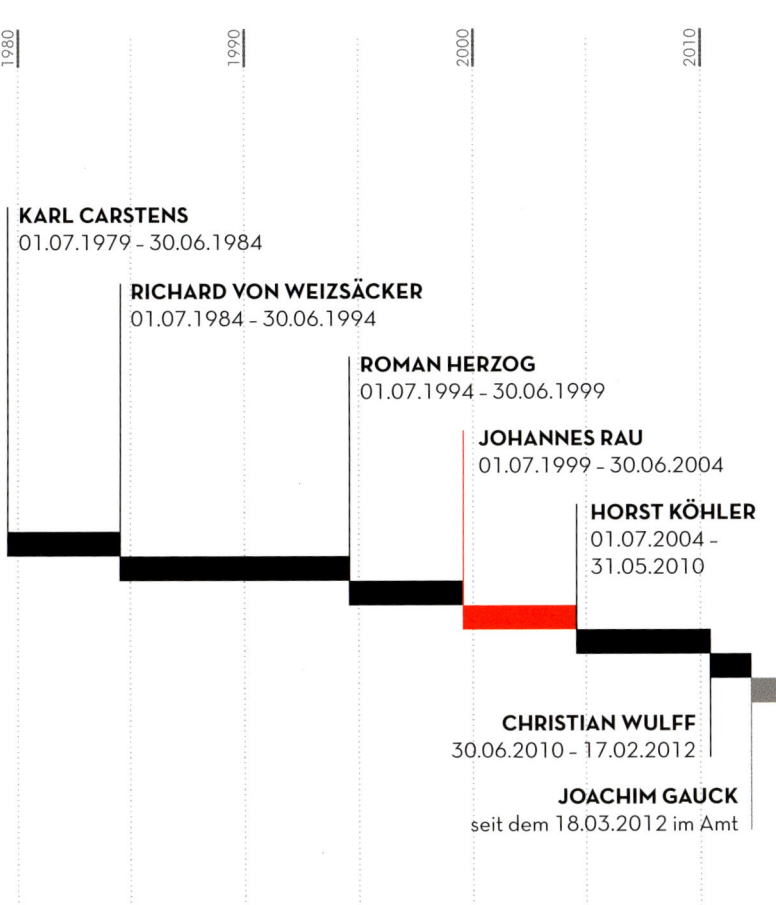

1980   1990   2000   2010

KARL CARSTENS
01.07.1979 – 30.06.1984

RICHARD VON WEIZSÄCKER
01.07.1984 – 30.06.1994

ROMAN HERZOG
01.07.1994 – 30.06.1999

JOHANNES RAU
01.07.1999 – 30.06.2004

HORST KÖHLER
01.07.2004 –
31.05.2010

CHRISTIAN WULFF
30.06.2010 – 17.02.2012

JOACHIM GAUCK
seit dem 18.03.2012 im Amt

30

Bundeskanzler

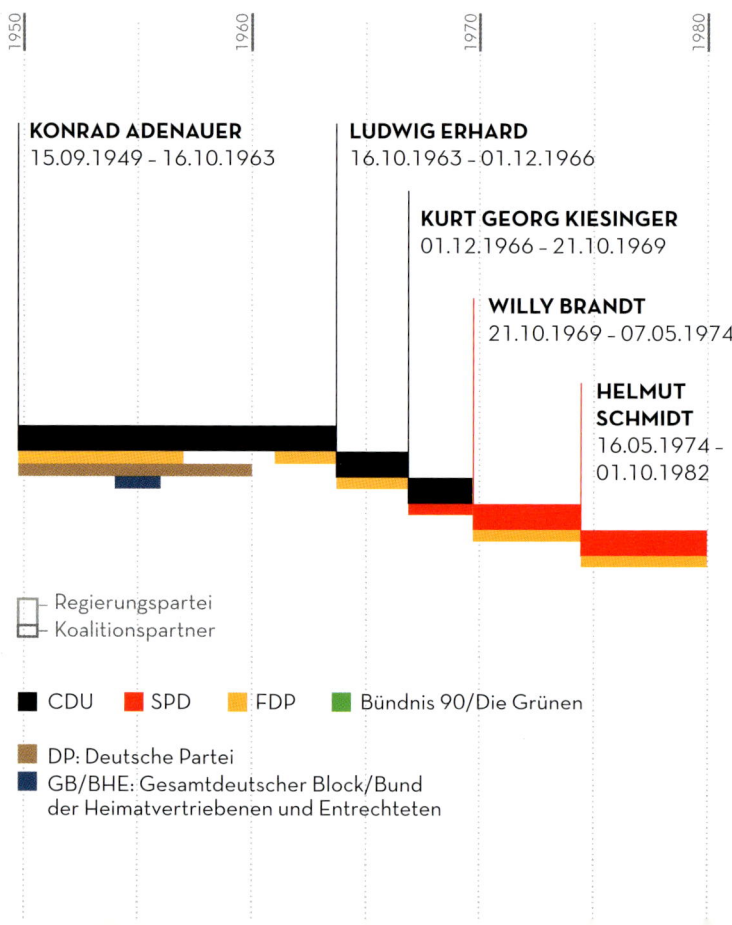

1950 1960 1970 1980

KONRAD ADENAUER
15.09.1949 – 16.10.1963

LUDWIG ERHARD
16.10.1963 – 01.12.1966

KURT GEORG KIESINGER
01.12.1966 – 21.10.1969

WILLY BRANDT
21.10.1969 – 07.05.1974

HELMUT SCHMIDT
16.05.1974 –
01.10.1982

— Regierungspartei
— Koalitionspartner

■ CDU ■ SPD ■ FDP ■ Bündnis 90/Die Grünen

■ DP: Deutsche Partei
■ GB/BHE: Gesamtdeutscher Block/Bund
der Heimatvertriebenen und Entrechteten

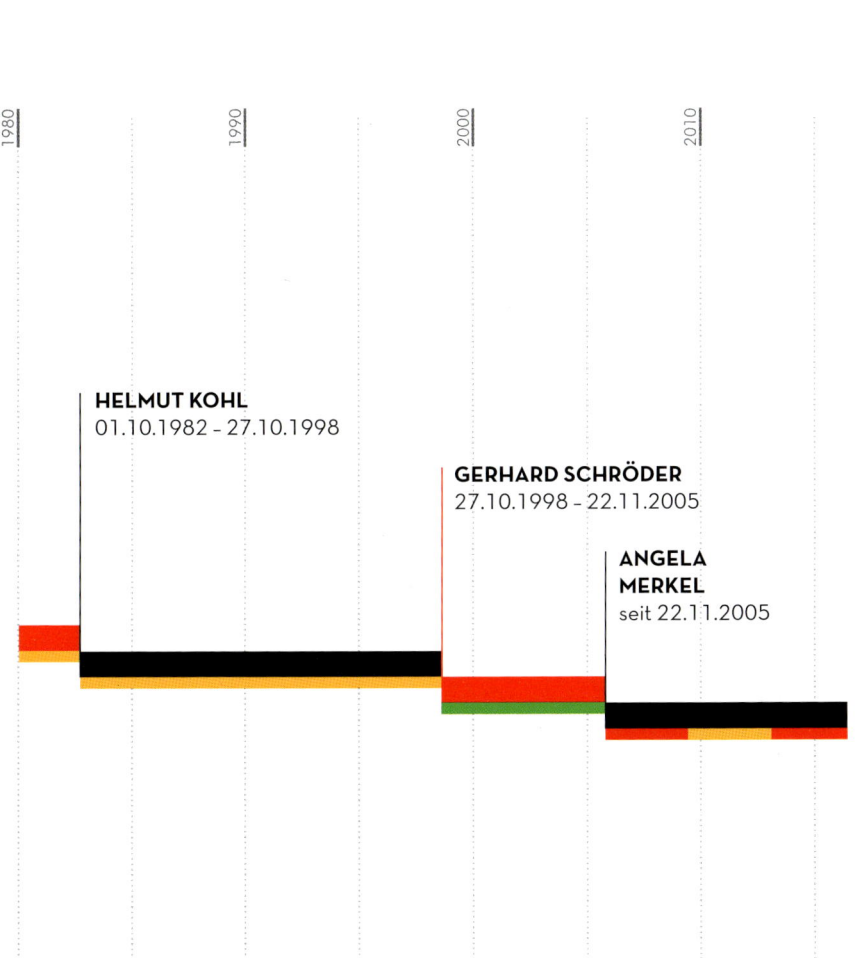

1980　1990　2000　2010

HELMUT KOHL
01.10.1982 – 27.10.1998

GERHARD SCHRÖDER
27.10.1998 – 22.11.2005

ANGELA MERKEL
seit 22.11.2005

31

Bundeshaushalt

Herkunft und Verteilung der 310 Milliarden Euro,
die für den Bundeshaushalt 2013 eingeplant sind.
(Stand: 28.08.2013)

**Einnahmen 2013
310 Mrd. Euro**

in Milliarden Euro

261,0	**Steuereinnahmen**
77,9	Umsatzsteuer
65,5	Lohnsteuer
58,9	Einfuhrumsatz-/veranlagte Einkommens-/ Körperschaftsteuer, und andere
33,1	Mineralölsteuer
14,5	Tabaksteuer
14,1	Solidaritätszuschlag
21,4	Versicherungs-/Strom-/Kfz-/Branntweinsteuer, u.a.
23,7	**sonstige Einnahmen (Gebühren/Entgelte, Beteiligungen, u.a.)**
25,4	**Kreditaufnahmen (Neuverschuldung)**

Gemeinschaftssteuern

Bundessteuern

Arbeit und Soziales **119,2**

Zuschüsse zur Rentenversicherung   71,4

Arbeitslosengeld II   19,0

sonstige Sozialleistungen zu Unterkunft, Erziehung, u.a.   28,8

Verteidigung   33,3

Bundesschuld (Verzinsung)   33,0

Finanzverwaltung   28,2

Verkehr, Bau, Stadtentwicklung   26,4

Bildung und Forschung   13,7

Gesundheit   12,0

sonstige Ausgaben   44,2

**Ausgaben 2013
310 Mrd. Euro**

32
Bundesministerien

Standorte in Berlin

Bm. für Verkehr, Bau und Stadtentwicklung

Bm. f. Wirtschaft und Technologie

Bm. für Bildung und Forschung*

Bm. für Gesundheit*

Bm. für Umwelt, Naturschutz und Reaktorsicherheit*

Bm. des Innern (ab 2015)

BUNDESTAG

BUNDES-KANZLERAMT

BUNDESPRESSEAMT

SCHLOSS BELLEVUE

BUNDESPRÄSIDIALAMT

Straße des 17. Juni

BERLINER RATHAUS

Auswärtiges Amt

Bm. für Ernährung, Landwirtschaft und Verbraucherschutz*

Bm. für Familie, Senioren, Frauen und Jugend

Bm. für Arbeit und Soziales

Bm. der Justiz

BUNDESRAT

Bm. der Finanzen

Bm. der Verteidigung*

Bm. für wirtschaftliche Zusammenarbeit und Entwicklung*

N

500 m

Bundesministerien (Bm.)   * Ministerien haben ihren ersten Dienstsitz in Bonn

Regierungsgebäude und Gebäude der Legislative

Schulden

Staatsverschuldung in Milliarden Euro (Stand: März 2013)

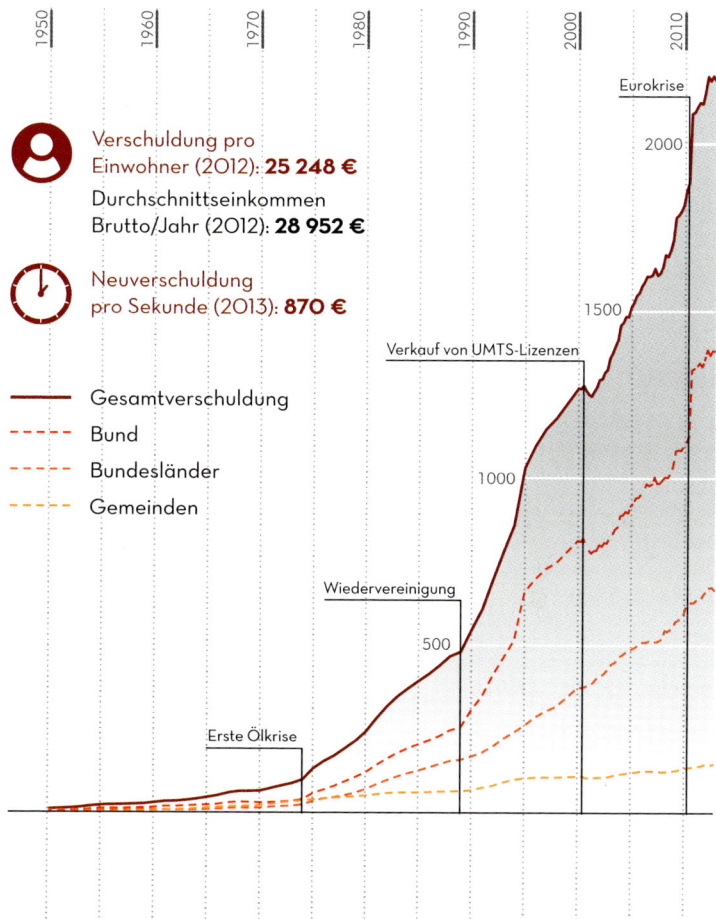

1950 1960 1970 1980 1990 2000 2010

Eurokrise

2000

Verschuldung pro Einwohner (2012): 25 248 €

Durchschnittseinkommen Brutto/Jahr (2012): **28 952 €**

Neuverschuldung pro Sekunde (2013): 870 €

1500

Verkauf von UMTS-Lizenzen

—— Gesamtverschuldung

– – – Bund

– – – Bundesländer

– – – Gemeinden

1000

Wiedervereinigung

500

Erste Ölkrise

34

Bundesbehörden & Bundesgerichte

Wichtige Institutionen außerhalb Berlins

■ Behörden ■ Gerichte

Bundessozialgericht (BSG)

Oberstes Sozialgericht

Bundesamt für Verfassungsschutz (BfV)

Inlandsnachrichtendienst

Bundeskartellamt (BKartA)

Bundeszentrale für politische Bildung (bpb)

Bundeskriminalamt (BKA)

Zentralstelle der Verbrechensbekämpfung

Statistisches Bundesamt (Destatis)

Bundesgerichtshof (BGH)

Oberstes Gericht für ordentliche Gerichtsbarkeit

Bundesverfassungsgericht (BVerfG)

Oberstes Gericht in Verfassungsfragen

FLENSBURG

KASSEL

KÖLN
BONN

WIESBADEN

KARLSRUHE

Kraftfahrt-Bundesamt (KBA)

u. a. Verkehrszentralregister

DESSAU-ROßLAU

Umweltbundesamt (UBA)

Zentrale Umweltbehörde

LEIPZIG

Bundesverwaltungsgericht (BVerwG)

Oberstes Gericht in öffentlich-
rechtlichen Streitigkeiten

ERFURT

Bundesarbeitsgericht (BAG)

Oberstes Gericht für Arbeitsrecht

NÜRNBERG

Bundesagentur für Arbeit (BA)

Dienstleistungen für den Arbeits- und Ausbildungsmarkt

Deutsches Patent- und Markenamt (DPMA)

Zentralbehörde auf dem Gebiet des
gewerblichen Rechtsschutzes

MÜNCHEN

Bundesfinanzhof (BFH)

Oberster Gerichtshof des Bundes für Steuern und Zölle

35

Geheimdienste

Eine Figur steht für 50 Mitarbeiter

BUNDESÄMTER

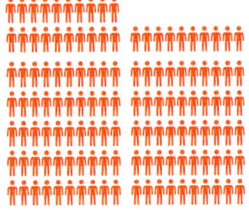

6500
BND
Bundesnachrichtendienst
PULLACH / BERLIN

2700
BfV
Bundesamt für
Verfassungs-
schutz
KÖLN

1300
MAD
Amt für den
Militärischen
Abschirmdienst
KÖLN

VERFASSUNGSSCHUTZ IN DEN BUNDESLÄNDERN

- ▮ Landesämter für Verfassungsschutz
- ▮ Abteilung des Innenministeriums

100
Schleswig-Holstein

85
Mecklenburg-Vorpommern

46
Bremen

154
Hamburg

260
Niedersachsen

188
Berlin

110
Sachsen-Anhalt

105
Brandenburg

335
Nordrhein-Westfalen

165
Rheinland-Pfalz

98
Thüringen

194
Sachsen

200
Hessen

84
Saarland

450
Bayern

332
Baden-Württemberg

36

Parteien

Nach Mitgliederzahlen von 1990 bis 2012

○ 2012   ○ 2005   ○ 2000   ○ 1995   ○ 1990

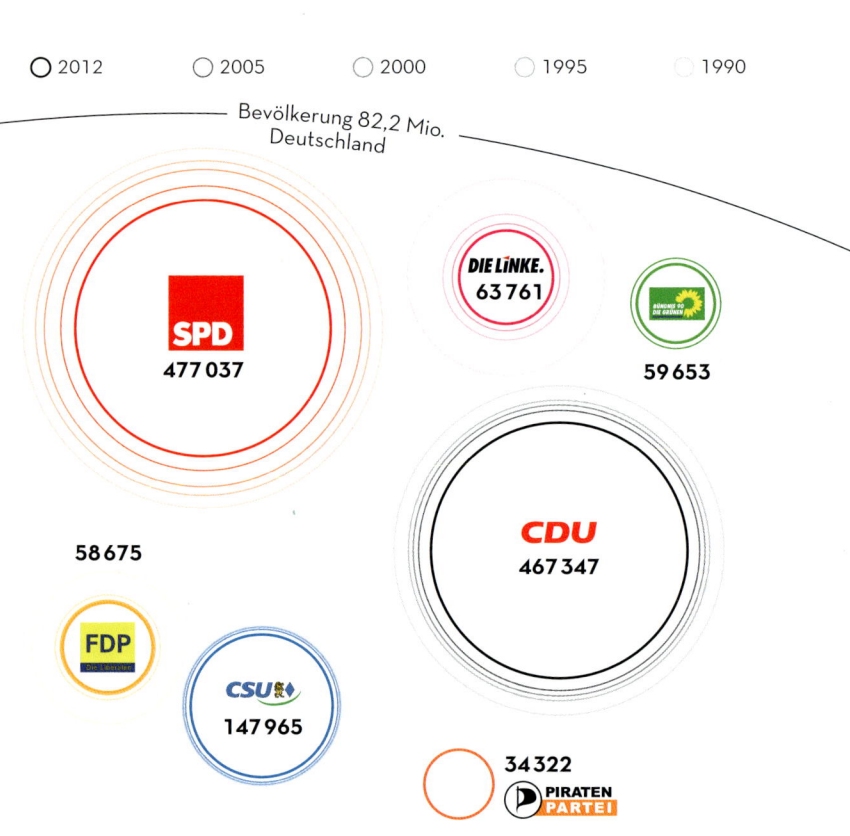

Bevölkerung 82,2 Mio.
Deutschland

SPD 477 037

DIE LINKE. 63 761

59 653

58 675

CDU 467 347

FDP

CSU 147 965

34 322 PIRATEN PARTEI

Verbände

Verbände, Vereine und Stiftungen. Mitgliederzahlen in Millionen

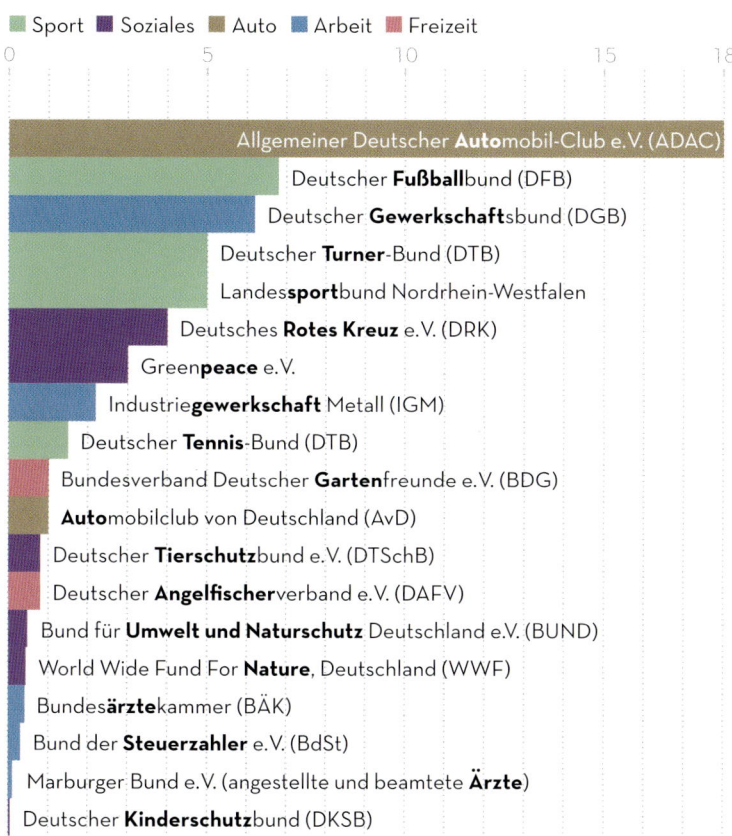

■ Sport ■ Soziales ■ Auto ■ Arbeit ■ Freizeit

0 · · · · 5 · · · · 10 · · · · 15 · · 18

Allgemeiner Deutscher **Auto**mobil-Club e.V. (ADAC)
Deutscher **Fußball**bund (DFB)
Deutscher **Gewerkschaft**sbund (DGB)
Deutscher **Turner**-Bund (DTB)
Landes**sport**bund Nordrhein-Westfalen
Deutsches **Rotes Kreuz** e.V. (DRK)
Green**peace** e.V.
Industrie**gewerkschaft** Metall (IGM)
Deutscher **Tennis**-Bund (DTB)
Bundesverband Deutscher **Garten**freunde e.V. (BDG)
Automobilclub von Deutschland (AvD)
Deutscher **Tierschutz**bund e.V. (DTSchB)
Deutscher **Angelfischer**verband e.V. (DAFV)
Bund für **Umwelt und Naturschutz** Deutschland e.V. (BUND)
World Wide Fund For **Nature**, Deutschland (WWF)
Bundes**ärzte**kammer (BÄK)
Bund der **Steuerzahler** e.V. (BdSt)
Marburger Bund e.V. (angestellte und beamtete **Ärzte**)
Deutscher **Kinderschutz**bund (DKSB)

Demografie

38

Bevölkerung

Alterspyramide

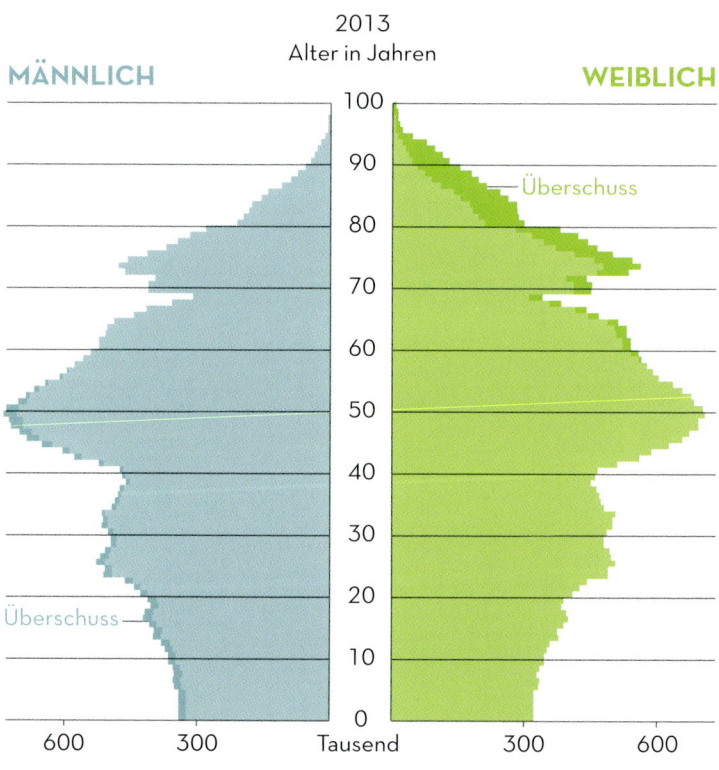

2013
Alter in Jahren

MÄNNLICH

WEIBLICH

Überschuss

Überschuss

600   300   Tausend   300   600

Nationale Vielfalt

In Deutschland leben 6 169 400 Menschen mit fremder Staatsbürgerschaft (in Deutschland geboren oder zugewandert). Unter den zehn häufigsten Herkunftsländern befinden sich:

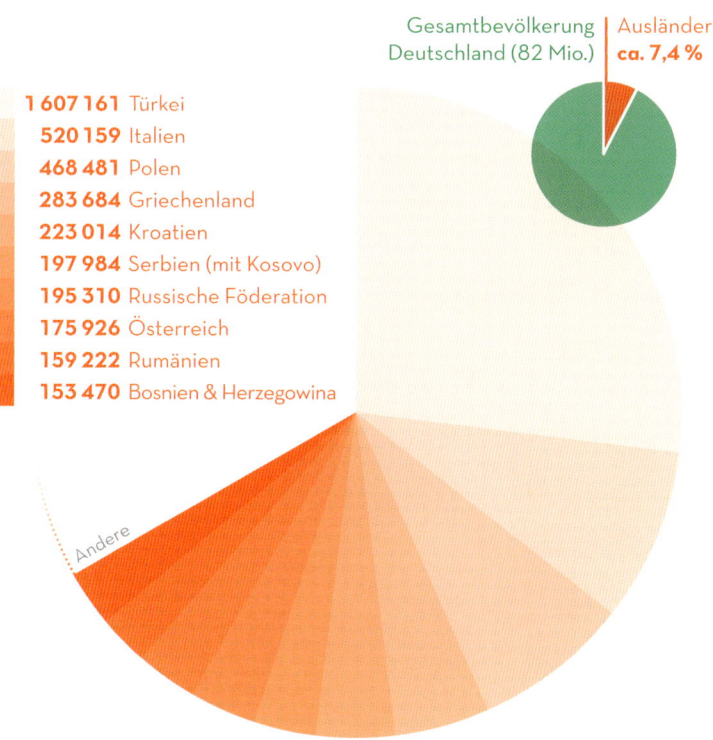

Gesamtbevölkerung Deutschland (82 Mio.)

Ausländer ca. 7,4 %

1 607 161 Türkei
520 159 Italien
468 481 Polen
283 684 Griechenland
223 014 Kroatien
197 984 Serbien (mit Kosovo)
195 310 Russische Föderation
175 926 Österreich
159 222 Rumänien
153 470 Bosnien & Herzegowina

Andere

40

Kriminalstatistik

Insgesamt wurden in Deutschland im Jahr 2012
rund sechs Millionen Straftaten erfasst.
Angaben in Prozent

39,7
DIEBSTAHL

schwerer   einfacher

4 Rauschgift-
delikte

9,1
Körper-
verletzung

16
Betrug

1,5 ausländer-
rechtliche
Straftaten

11,2
Sachbeschä-
digung

17,7
sonstige
Straftaten

0,1
Straftaten
gegen das
Leben

0,8
Sexual-
delikte

Todesursachen

Todesfälle nach den zehn häufigsten Ursachen

FRAUEN

8,3 %	1 chronische Durchblutungsstörung des Herzmuskels
	2 Herzinsuffizienz
6,9 %	3 Herzinfarkt
	4 bösartige Neubildung der Brustdrüse
5,3 %	5 Herzmuskelerkrankung durch chronischen Bluthochdruck
	6 bösartige Neubildung der Bronchien und der Lunge
	7 Schlaganfall, nicht als Blutung oder Infarkt bezeichnet
	8 nicht näher bezeichnete Demenz
	9 sonstige chronische Erkrankung der Lunge
	10 Herzrhythmusstörung

58,3 %
sonstige

MÄNNER

58,9 %
sonstige

chronische Durchblutungsstörung des Herzmuskels	1
bösartige Neubildung der Bronchien und der Lunge	2 **8,2 %**
Herzinfarkt	3 **7,3 %**
sonstige chronische Erkrankung der Lunge	4
Herzinsuffizienz	5 **7,0 %**
bösartige Neubildung der Prostata	6
bösartige Neubildung des Dickdarmes	7
Lungenentzündung, Erreger nicht näher bezeichnet	8
bösartige Neubildung der Bauchspeicheldrüse	9
Schlaganfall, nicht als Blutung oder Infarkt bezeichnet	10

Wirtschaft
&
Technik

42

Erfindungen

1790 **HOMÖOPATHIE**
Samuel Hahnemann

1450 **BUCHDRUCK**
Johannes Gutenberg

1864 **PERIODENSYSTEM**
Julius Lothar Meyer

1881 **STRAßENBAHN**
Werner von Siemens

1859 **TELEFON**
Philipp Reis

1832 **MODERNE REISEFÜHRER**
Karl Baedeker

1876 **OTTOMOTOR**
Nikolaus Otto
1892 **DIESELMOTOR**
Rudolf Diesel

1885 **REITWAGEN**
Gottlieb Daimler

1886 **AUTO**
Karl Benz

1897 **ASPIRIN**
Felix Hoffmann

1899 **BÜSTENHALTER**
Christine Hardt

1902 **ZÜNDKERZE**
Robert Bosch

1930 **FERNSEHEN**
Manfred von Ardenne

1941 **COMPUTER Z3**
Konrad Zuse

1995 **MP3-FORMAT**
Karlheinz Brandenburg

Wissenschaftler

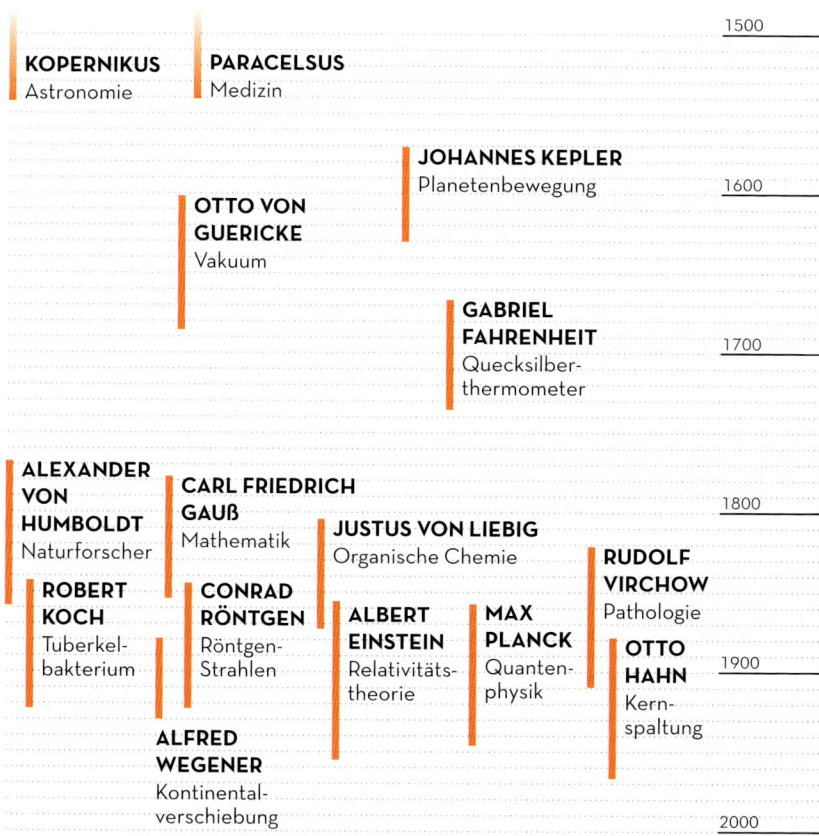

1500

KOPERNIKUS
Astronomie

PARACELSUS
Medizin

JOHANNES KEPLER
Planetenbewegung

1600

OTTO VON GUERICKE
Vakuum

GABRIEL FAHRENHEIT
Quecksilber-
thermometer

1700

ALEXANDER VON HUMBOLDT
Naturforscher

CARL FRIEDRICH GAUß
Mathematik

JUSTUS VON LIEBIG
Organische Chemie

1800

RUDOLF VIRCHOW
Pathologie

ROBERT KOCH
Tuberkel-
bakterium

CONRAD RÖNTGEN
Röntgen-
Strahlen

ALBERT EINSTEIN
Relativitäts-
theorie

MAX PLANCK
Quanten-
physik

OTTO HAHN
Kern-
spaltung

1900

ALFRED WEGENER
Kontinental-
verschiebung

2000

44

Nobelpreisträger

 Frieden Literatur Chemie Physik Medizin Wirtschaft

1926
GUSTAV STRESEMANN

1971
WILLY
BRANDT

1999
GÜNTER
GRASS

1929
THOMAS
MANN

2009
HERTA MÜLLER

1944
OTTO HAHN

1953
HERMANN
STAUDINGER

1918
MAX PLANCK

1921
ALBERT
EINSTEIN

1901
WILHELM
CONRAD
RÖNTGEN

1902
ROBERT
KOCH

1969
MAX DELBRÜCK

1908
PAUL EHRLICH.

1994
REINHARD SELTEN

45

Weltraumfahrer

Astronauten und Kosmonauten

Sigmund Jähn ⭐⭐⭐⭐⭐ 9 Tage (1978)

Ulf Merbold ⭐⭐⭐⭐⭐ ⭐⭐⭐⭐⭐ ⭐⭐⭐⭐⭐ ⭐⭐⭐⭐⭐ ⭐⭐⭐⭐⭐ ⭐⭐⭐⭐⭐
55 Tage (1983, 1992, 1994)

Reinhard Furrer ⭐⭐⭐⭐⭐ 7 Tage (1985)

Ernst Messerschmid ⭐⭐⭐⭐⭐ 7 Tage (1985)

Klaus-Dietrich Flade ⭐⭐⭐⭐⭐ 7 Tage (1992)

Ulrich Walter ⭐⭐⭐⭐⭐ 10 Tage (1993)

Hans Schlegel ⭐⭐⭐⭐⭐ ⭐⭐⭐⭐⭐ ⭐⭐ 22 Tage (1993, 2008)

Thomas Reiter ⭐⭐⭐⭐⭐ (×70)
350 Tage (1995, 2006)

Reinhold Ewald ⭐⭐⭐⭐⭐ ⭐⭐⭐⭐⭐ ⭐⭐⭐ 18 Tage (1997)

Gerhard Thiele ⭐⭐⭐⭐⭐ ⭐⭐⭐⭐⭐ ⭐⭐⭐ 11 Tage (2000)

46

Luftfahrt

Die zehn wichtigsten Errungenschaften der deutschen Luftfahrt

FLUG MIT EINEM ORNITHOPTER
Carl Friedrich Meerwein
(1773 – 1810)

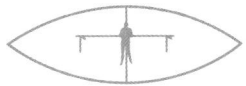

ERSTER GLEITFLUG
Albrecht Ludwig Berblinger
(1770 – 1829)

GLEITFLÜGE (250 m)
Karl Wilhelm Otto Lilienthal
(1848 – 1896)

FLUG MIT EINEM ZEPPELIN
Ferdinand Graf von Zeppelin
(1838 – 1917)

ERSTE DEUTSCHE MOTORFLUGZEUGE
August Euler
(1868–1957)

*„Gelber Hund" (1912),
erste deutsche Luftpost*

Junkers J1 (1915)

ERSTES GANZMETALLFLUGZEUG
Hugo Junkers
(1859–1935)

FLUGZEUGPIONIER
Willy Messerschmitt
(1898–1978)

ERSTER HUBSCHRAUBER
Heinrich Focke
(1890–1979)

ERSTES STRAHLFLUGZEUG
Ernst Heinkel
(1888–1958)

AIRBUS A318, A319, A320
Endmontage in Hamburg
(seit 1987)

47

Automarken

Der Bestand an Fahrzeugen der beliebtesten Automarken

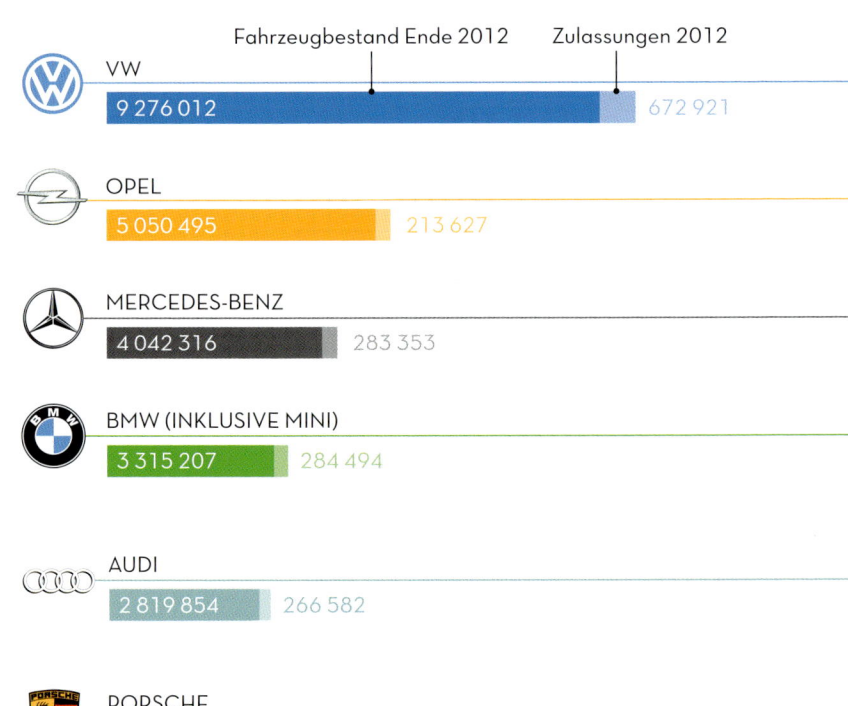

Fahrzeugbestand Ende 2012   Zulassungen 2012

VW
9 276 012   672 921

OPEL
5 050 495   213 627

MERCEDES-BENZ
4 042 316   283 353

BMW (INKLUSIVE MINI)
3 315 207   284 494

AUDI
2 819 854   266 582

PORSCHE
196 375 / 20 516

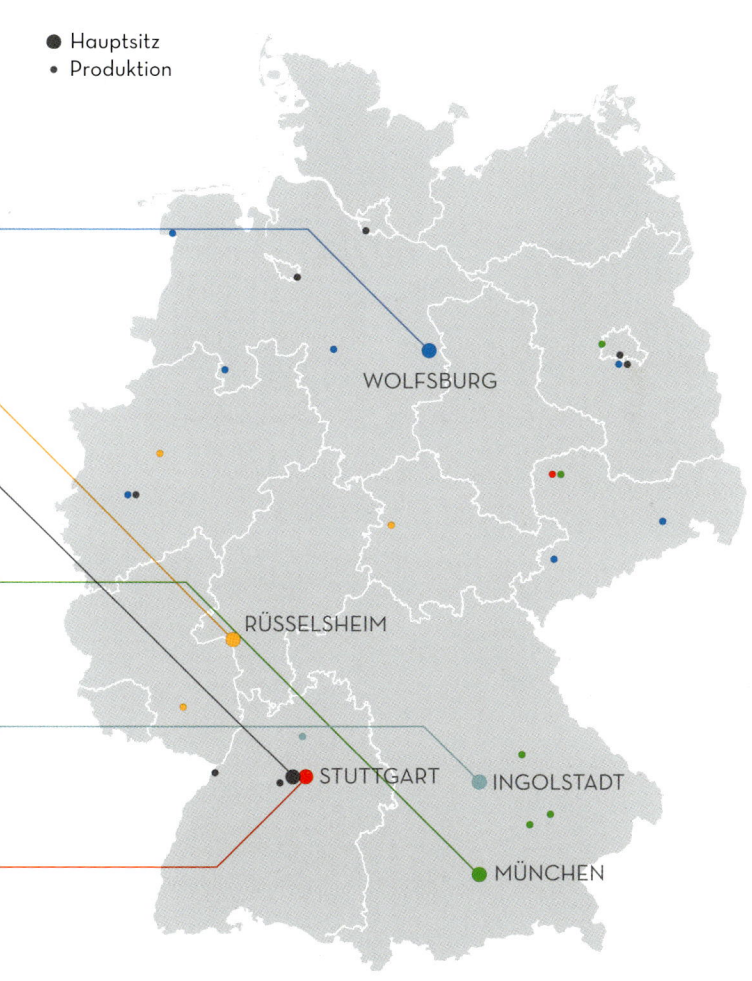

WOLFSBURG

RÜSSELSHEIM

STUTTGART

INGOLSTADT

MÜNCHEN

48

Reichtum

Die reichsten Deutschen und
deren Vermögen in Milliarden Euro

 Ein Geldbündel steht für 5 Milliarden Euro

 19,7

Karl Albrecht
ALDI Süd

 14,8

Dieter Schwarz
Schwarz-Gruppe
(u. a. Kaufland, Lidl)

14,3

**Theo Albrecht Jr.
und Familie**
ALDI Nord

 10,8

Susanne Klatten
(geb. Quandt)
Anteile: BMW AG,
Altana AG, Nordex SE,
SGL Carbon

10,7

**Michael Otto
und Familie**
Otto Group

9

Stefan Quandt
(Bruder von
S. Klatten)
Delton AG
Anteile: BMW AG

8

Johanna Quandt
(Mutter von S. Klatten
und Stefan Quandt)
Anteile: BMW AG

6,8

Klaus-Michael Kühne
Kühne + Nagel

6,7

Hasso Plattner
Mitgründer:
SAP AG

Internetzugang

Anteil der deutschen Haushalte mit Internetzugang
von 2002 bis 2012 in Prozent

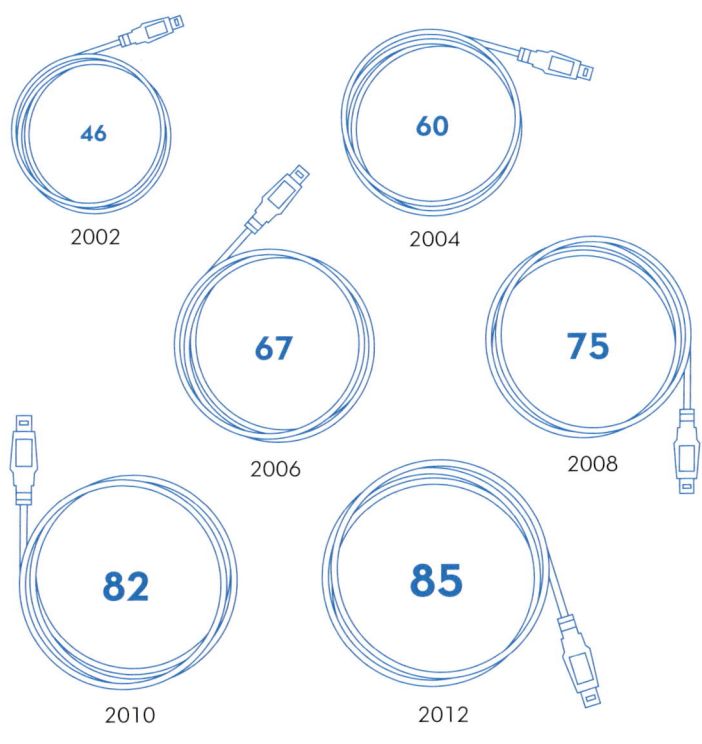

46
2002

60
2004

67
2006

75
2008

82
2010

85
2012

50

Postleitzahlen

Angabe der ersten beiden Ziffern
für die jeweilige Region

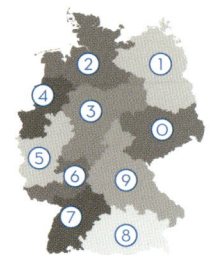

Beispiel
Herr Mustermann
Musterstraße 1
12435 Berlin
Deutschland

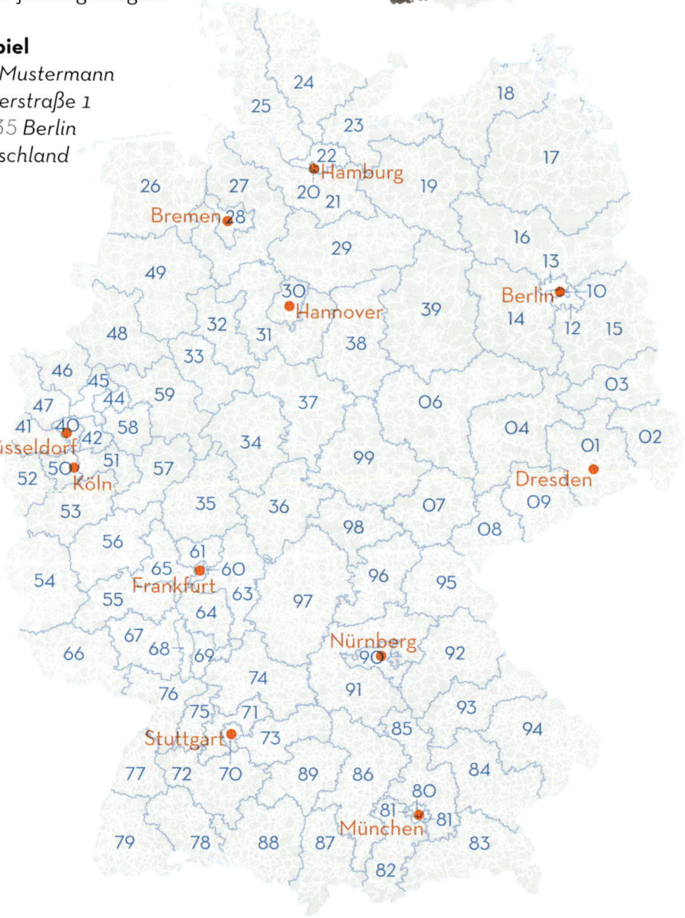

24
25
18
23
22 Hamburg
20
26   27   19
Bremen 28
16
29   13
49   Berlin 10
30 Hannover   39   14   12   15
48   32   31   38
33   03
46   45   59   37   06   04   01   02
47   44   58   34   99   Dresden
41 40   51   57   07   09
Düsseldorf 42
52 50   35   36   98   08
Köln
53
56   98
61   60   97   96   95
54   65
Frankfurt   63
55   64   90
67   68   69   Nürnberg 90   92
66   74   91
76   85   93
75 71   94
Stuttgart 73
77 72   70   89   86   84
80
81   81
79   78   88   87   München
82   83

Telefonvorwahlen

Telefonnummer
030 / 123 45 67 89

Internationale Vorwahl
0049 / 30 / 123 45 67 89

Mobilität

52

Autokennzeichen

Unterscheidungszeichen für den Verwaltungsbezirk ⎯

Prüfplakette (hinten). Im Beispiel: ⎯ Geprüft bis 12/2013

EU-Kennzeichnung (seit 1994)

ZB A 987

Siegel der Zulassungsbehörde ⎯

⎯ *Erkennungsnummer* aus 1–2 Buchstaben und 1–4 Ziffern

Oldtimer-Kennzeichen

Mit „H" am Ende, für historisch erhaltenswerte, mind. 30 Jahre alte Fahrzeuge.

Grüne Kennzeichen

Für steuerbefreite Fahrzeuge (Landwirtschaft, gemeinnützige Organisationen, Arbeitsmaschinen, etc.)

Kurzzeitkennzeichen

Gelten nur fünf Tage, Ablaufdatum im Beispiel: 21.09.2013.

Rote Kennzeichen

Für Probe- und Überführungsfahrten, die Zahl beginnt immer mit „05" oder „06"

Saisonkennzeichen

Hier: Mai bis Oktober

Weitere besondere Kennzeichen:

ZB 0400	Exportkennzeichen
Y 321 98	Y – Bundeswehr
0 17–20	0 – Diplomat/Botschaft
B 4 1234	B 4 – Polizei (Berlin)
0 1	Bundespräsident
0 2	Bundeskanzler/-in

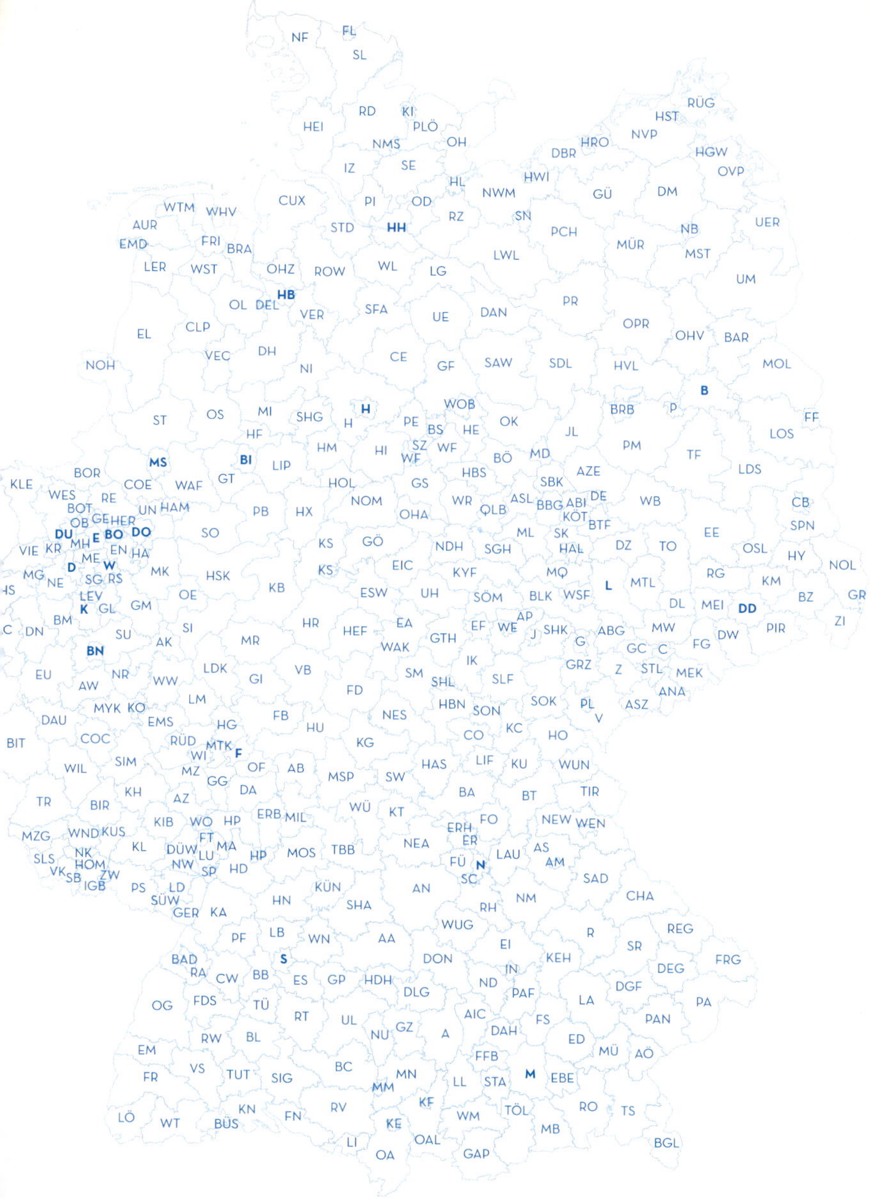
NF
FL
SL
RD
KI
HEI
PLÖ
NMS
OH
IZ
SE
RÜG
HST
NVP
HRO
DBR
HGW
OVP
HL
HWI
NWM
GÜ
DM
CUX
PI
OD
WTM
WHV
AUR
RZ
SN
STD
HH
UER
PCH
NB
EMD
FRI
BRA
MÜR
MST
LWL
LER
WST
OHZ
ROW
WL
LG
UM
HB
OL
DEL
VER
SFA
UE
DAN
PR
OPR
EL
CLP
OHV
BAR
CE
VEC
DH
NI
GF
SAW
SDL
HVL
MOL
NOH
B
WOB
H
BRB
P
FF
ST
OS
MI
SHG
H
PE
BS
HE
OK
JL
LOS
HF
SZ
WF
WF
HI
HM
MS
BI
LIP
BÖ
MD
PM
TF
LDS
BOR
HBS
AZE
KLE
COE
WAF
GT
HOL
GS
SBK
WES
RE
NOM
WR
ASL
BBG
ABI
DE
WB
CB
BOT
UN
HAM
PB
HX
QLB
KÖT
GE
HER
OHA
BTF
SPN
OB
DU
E
BO
DO
SO
ML
SK
EE
MH
KS
GÖ
NDH
SGH
HAL
DZ
TO
OSL
VIE
KR
EN
HY
NOL
ME
HA
D
W
KS
EIC
KYF
MQ
RG
MG
MK
HSK
L
MTL
KM
NE
SG
RS
HS
LEV
OE
KB
ESW
UH
SÖM
BLK
WSF
GR
BZ
K
GL
GM
DL
MEI
DD
BM
SI
AP
ZI
C
DN
SU
HR
HEF
EA
EF
WE
J
SHK
ABG
MW
PIR
AK
MR
GTH
G
DW
WAK
GC
C
FG
BN
IK
GRZ
LDK
VB
SM
Z
STL
MEK
EU
NR
WW
GI
SLF
SHL
AW
FD
ANA
LM
SOK
HBN
PL
ASZ
MYK
KO
SON
V
DAU
EMS
HG
FB
NES
HU
KC
BIT
COC
RÜD
CO
HO
MTK
KG
WI
F
LIF
KU
WUN
WIL
SIM
HAS
MZ
OF
AB
MSP
SW
GG
DA
BA
BT
TIR
KH
AZ
TR
BIR
WÜ
KT
ERB
MIL
NEW
WEN
KIB
WO
HP
FO
ERH
MZG
WND
KUS
FT
ER
KL
MA
NEA
AS
DÜW
TBB
MOS
LU
LAU
SLS
NK
HP
AM
HOM
FÜ
N
NW
VK
ZW
SP
HD
SB
SC
SAD
IGB
PS
LD
KÜN
AN
SÜW
HN
SHA
NM
CHA
GER
KA
RH
WUG
LB
PF
AA
R
REG
WN
EI
SR
BAD
KEH
S
DON
FRG
RA
CW
BB
IN
DEG
ES
GP
HDH
ND
DGF
DLG
PAF
OG
LA
FDS
TÜ
PA
AIC
RT
UL
FS
PAN
GZ
DAH
NU
A
RW
BL
ED
MÜ
EM
AÖ
FFB
BC
VS
MN
M
TUT
SIG
EBE
FR
LL
STA
MM
KF
RO
TS
RV
WM
TÖL
KN
LÖ
WT
FN
BÜS
KE
MB
OAL
LI
GAP
OA
BGL

53

Autobahnen

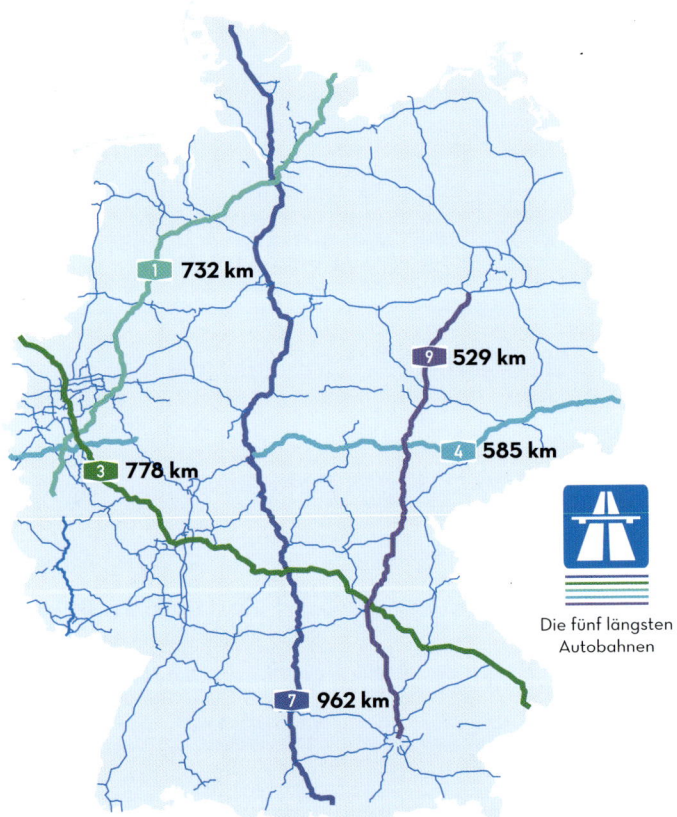

1 732 km

9 529 km

4 585 km

3 778 km

7 962 km

Die fünf längsten
Autobahnen

Bahnstrecken

ICE-Netz 2013

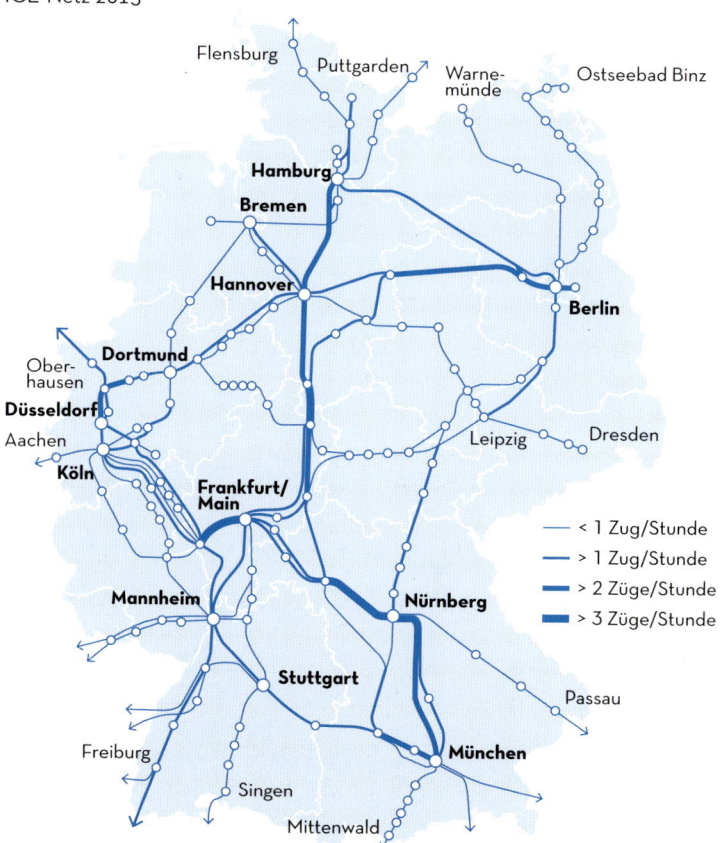

Flensburg
Puttgarden
Warne-
münde
Ostseebad Binz

Hamburg
Bremen
Hannover
Berlin

Ober-
hausen
Dortmund
Düsseldorf
Aachen
Leipzig
Dresden
Köln

**Frankfurt/
Main**

Mannheim
Nürnberg
Passau

Stuttgart
Freiburg
München
Singen
Mittenwald

— < 1 Zug/Stunde
— > 1 Zug/Stunde
— > 2 Züge/Stunde
— > 3 Züge/Stunde

55

Verkehr

Verkehrsnetz nach Streckenlänge

Gemeindestraßen
413 000 km

Personenverkehr – Anteil an Beförderungsleistung (gerundet)

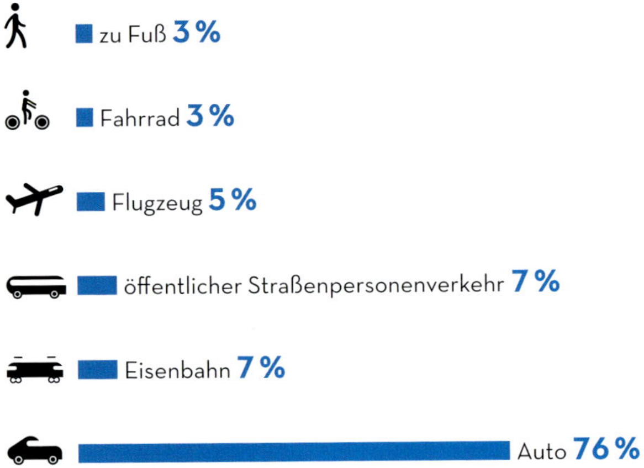

zu Fuß **3 %**

Fahrrad **3 %**

Flugzeug **5 %**

öffentlicher Straßenpersonenverkehr **7 %**

Eisenbahn **7 %**

Auto **76 %**

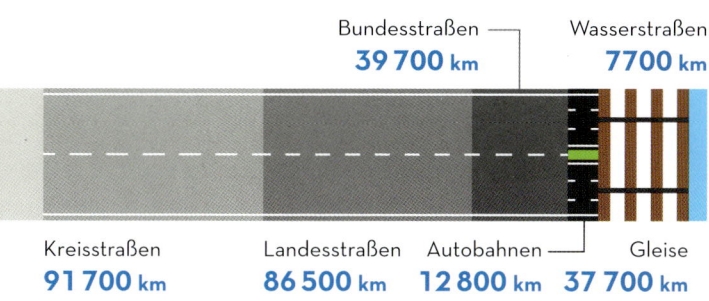

Bundesstraßen
39 700 km

Wasserstraßen
7700 km

Kreisstraßen
91 700 km

Landesstraßen
86 500 km

Autobahnen
12 800 km

Gleise
37 700 km

CO_2-Emission nach Verkehrsträgern

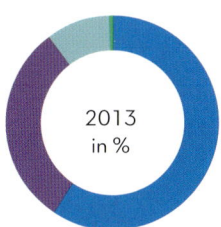

2013
in %

Tote im Straßenverkehr pro 100 000 Einwohner

▪ wenigste: 1,2 (Berlin)
■ meiste: 7,9 (Schleswig-Holstein)

58,3 motorisierter Individualverkehr

30,1 Güterverkehr

9,6 Luftverkehr

0,4 öffentlicher Nah- und Fernverkehr

56

Flughäfen

Die zehn größten Flughäfen und die
Anzahl der Passagiere in Millionen

↑
N

1 km

München (MUC)
38,2

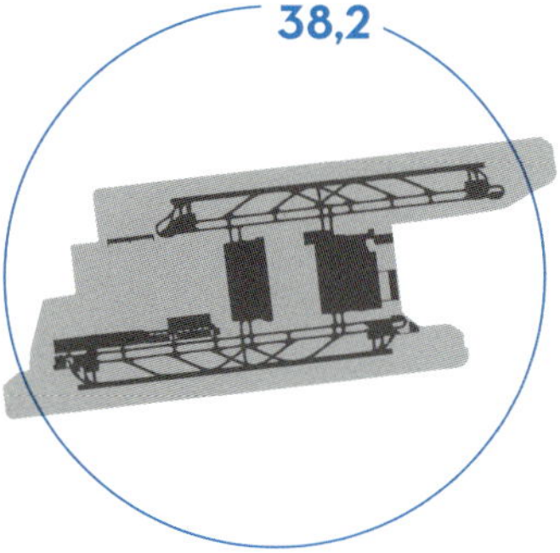

Frankfurt am Main (FRA)
57,3

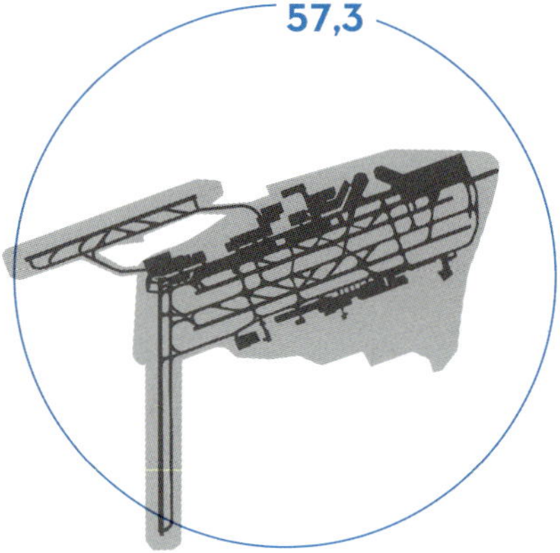

Düsseldorf (DUS)
20,8

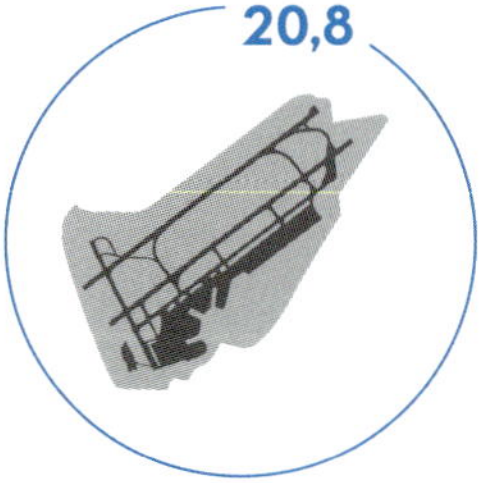

Berlin-Tegel (TXL)
18,2

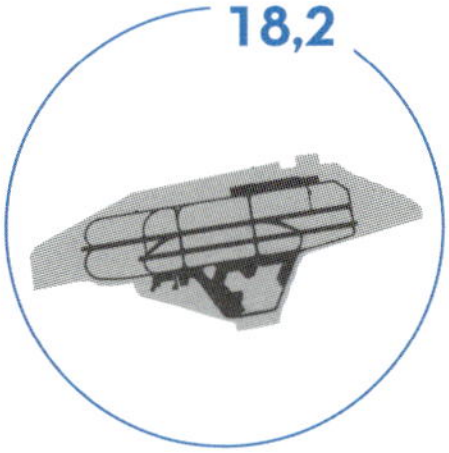

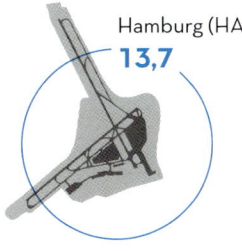

Hamburg (HAM)
13,7

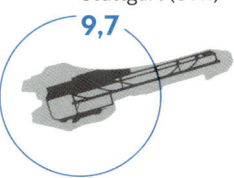

Stuttgart (STR)
9,7

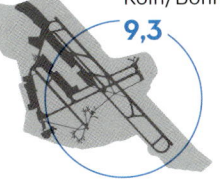

Köln/Bonn (CGN)
9,3

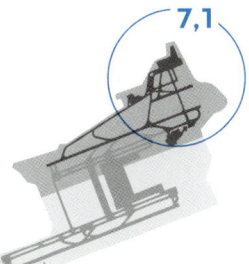

Berlin-Schönefeld (SXF)
7,1

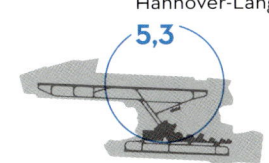

Hannover-Langenhagen (HAJ)
5,3

Neuer Flughafen
Berlin Brandenburg (BER)
im Bau

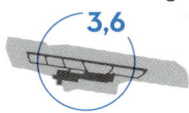

Nürnberg (NUE)
3,6

Leben

57

Häufigste Vornamen

Mädchen 2012

Jungen 2012

BEN [1] **LEO** [2] *LUCAS*
LUKAS [3]

FINN [4] FYNN

Jonas [5] **LUCA** [6] LUKA

PAUL [7] LUIS [8] LOUIS

MAXIMILIAN [9]

Félix [10] TIM TIMM [11] NOAH [12] ELIAS [13]

MAX [14] JULIAN [15] PHILIP PHILIPP [16] PHILLIP FILIP

58

Häufigste Nachnamen

SCHMIDT 2

FISCHER 4

HOFMANN 7

SCHULZ 10 SCHÄFER 11 AE

KOCH 12

SCHRÖDER 16 ÖE WOLF 17

59
Mundarten

Religionen

Anzahl der Mitglieder in Religionsgemeinschaften in Millionen

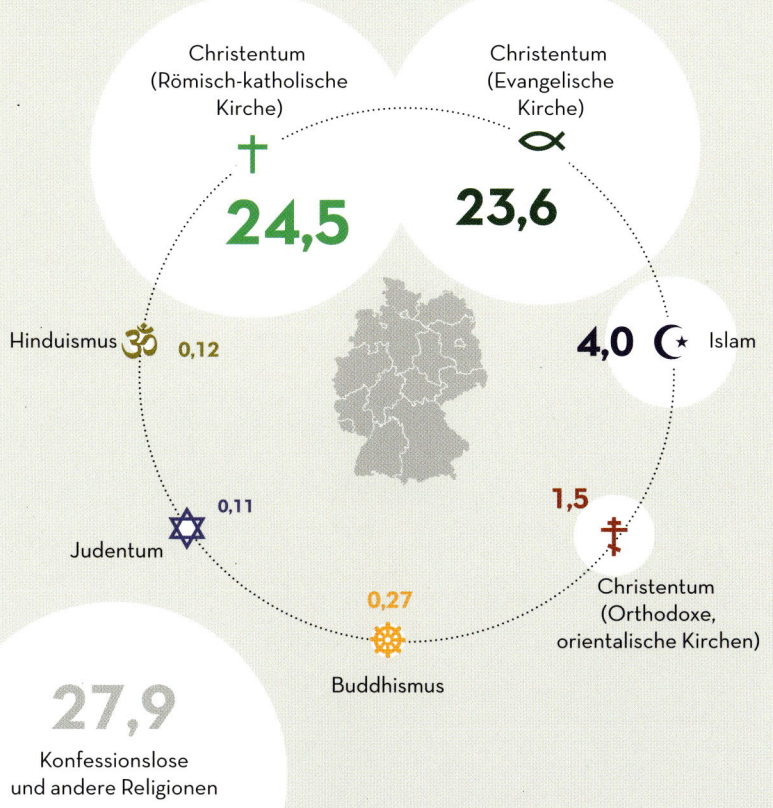

Christentum
(Römisch-katholische
Kirche)

24,5

Christentum
(Evangelische
Kirche)

23,6

Hinduismus 0,12

4,0 Islam

1,5

Judentum 0,11

0,27

Christentum
(Orthodoxe,
orientalische Kirchen)

Buddhismus

27,9

Konfessionslose
und andere Religionen

61

Feiertage

Die wichtigsten gesetzlichen Feiertage

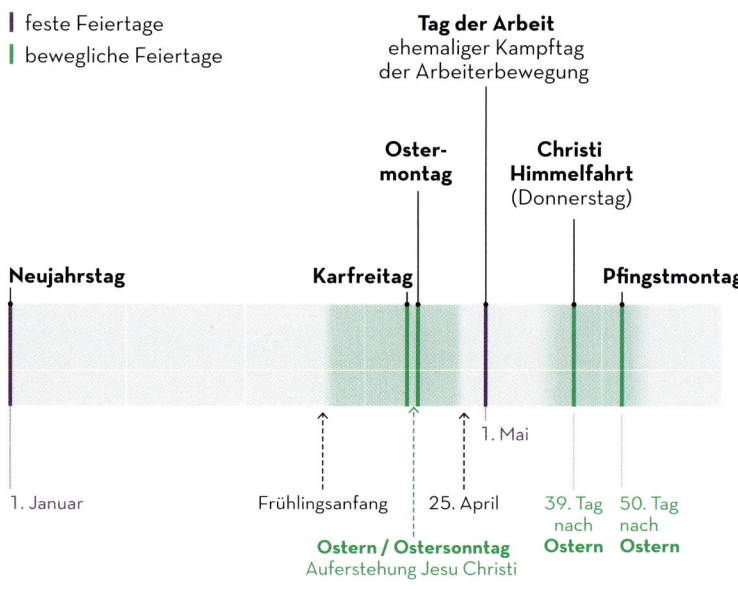

Der **Ostersonntag** ist der erste Sonntag nach dem ersten Frühlingsvollmond. Dieser kann daher frühestens auf den 22. März fallen. Das letztmögliche Datum für Ostern ist der 25. April.

Karfreitag erinnert an den Kreuztod Jesu Christi und ist Teil der Karwoche. Diese beginnt nach Palmsonntag, umfasst Gründonnerstag und Karfreitag und schließt mit Karsamstag ab.

Christi Himmelfahrt: Christen gedenken an diesem Tag der Rückkehr Jesu Christi, dem Sohn Gottes, zu seinem himmlischen Vater.

Pfingsten: Gefeiert wird die Ausgießung des Heiligen Geistes. Dieses Datum wird in der christlichen Tradition auch als Gründung der Kirche verstanden. Pfingsten kommt von griechisch „Fünfzigster Tag" (pentekostē hēmera / πεντηκοστή ἡμέρα).

Tag der Deutschen Einheit
gefeiert wird die Wiedervereinigung Deutschlands vom 3. Oktober 1990

Erster und Zweiter Weihnachts- feiertag

3. Oktober

25. & 26. Dezember

Weihnachten:

Die Weihnachtstage beginnen am 24.12. mit dem Heiligen Abend, der jedoch kein offizieller Feiertag ist. Der 25.12 ist der Festtag zur Geburt Jesu Christi. Der 26.12. erinnert in der evangelischen Kirche an die Fleischwerdung des Wortes nach Johannes. In anderen Kirchen ist er als Stephanstag dem heiligen Märtyrer Diakon Stephanus gewidmet.

62

Vereine

2012 gab es in Deutschland insgesamt 580 294 Vereine.

Anteil der Tätigkeitsbereiche der Vereine
in Prozent

Anteil der Gründungen in
verschiedenen Tätigkeitsbereichen
in Prozent

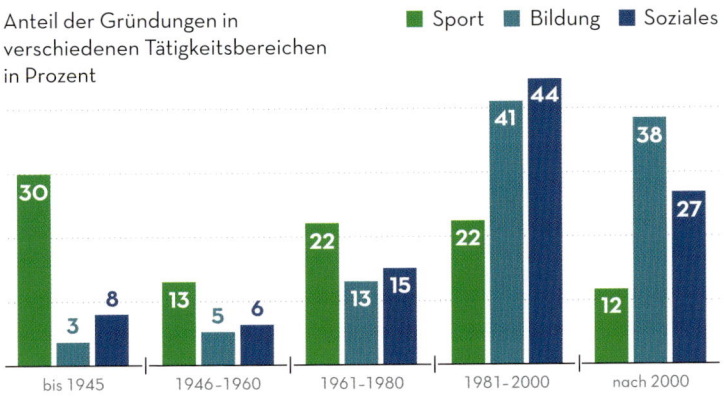

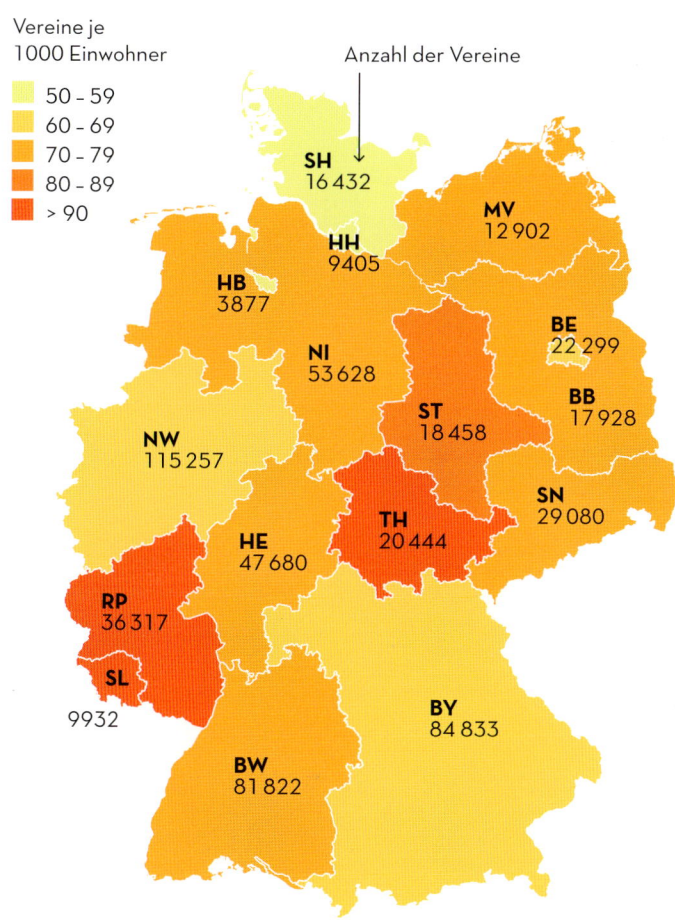

Vereinsdichte nach Bundesländern

Vereine je
1000 Einwohner

Anzahl der Vereine

- 50 – 59
- 60 – 69
- 70 – 79
- 80 – 89
- > 90

SH
16 432

MV
12 902

HH
9405

HB
3877

NI
53 628

BE
22 299

BB
17 928

NW
115 257

ST
18 458

SN
29 080

HE
47 680

TH
20 444

RP
36 317

SL
9932

BY
84 833

BW
81 822

63

Hunderassen

Die bekanntesten nach Größe

Dackel

Zwerg-
schnauzer

Jagdterrier

Deutscher
Pinscher

Wolfsspitz/
Keeshond

Eurasier

Rottweiler

Deutsch
Drahthaar

Weimaraner

Hovawart

Riesen-
schnauzer

Harzer
Fuchs

Deutscher
Boxer

Altdeutscher
Tiger

Deutscher
Schäferhund

Pudel-
pointer

Dobermann

Leonberger

Landseer

Deutsche
Dogge

64

Hochschulen

Die zehn größten Universitäten nach Studentenzahlen

5. Universität Hamburg
41 200

8. Ruhr-Universität Bochum
38 700

7. Universität Duisburg-Essen
39 200

6. Westfälische Wilhelms-Universität Münster
40 800

1. Fernuniversität Hagen
84 600

3. Universität zu Köln
45 600

9. RWTH Aachen
37 900

4. Johann Wolfgang Goethe-Universität Frankfurt am Main
43 000

10. Technische Universität Dresden
36 500

2. Ludwig-Maximilians-Universität München
48 900

Studierende
45 000
10 000

Exzellenzhochschulen

● **Hochschulen mit Zukunftskonzept**
Exzellenzinitiative der Deutschen
Forschungsgemeinschaft
15.07.2012

● **exzellente Lehre**
Wettbewerb vom Stifterverband
für die deutsche Wissenschaft

Hochschule für Angewandte
Wissenschaften Hamburg

Hochschule Bremerhaven

Universität
Bremen

Universität
Potsdam

Fachhochschule
Potsdam

Humboldt-
Universität
zu Berlin

Freie Universität
Berlin

Universität
Bielefeld

Universität zu Köln
Fachhochschule Köln

RWTH Aachen
Rheinisch-Westfälische
Technische Hochschule Aachen

Technische
Universität
Dresden

Technische
Universität
Kaiserslautern

Ruprecht-Karls-
Universität Heidelberg

Eberhard-Karls-
Universität Tübingen

Ludwig-Maximilians-
Universität München

Technische Universität München
Technische Universität München

Albert-Ludwigs-
Universität Freiburg

Universität
Konstanz

Kulinarisches

65

Prost!

Die meistverkauften Biermarken
in Millionen Hektoliter

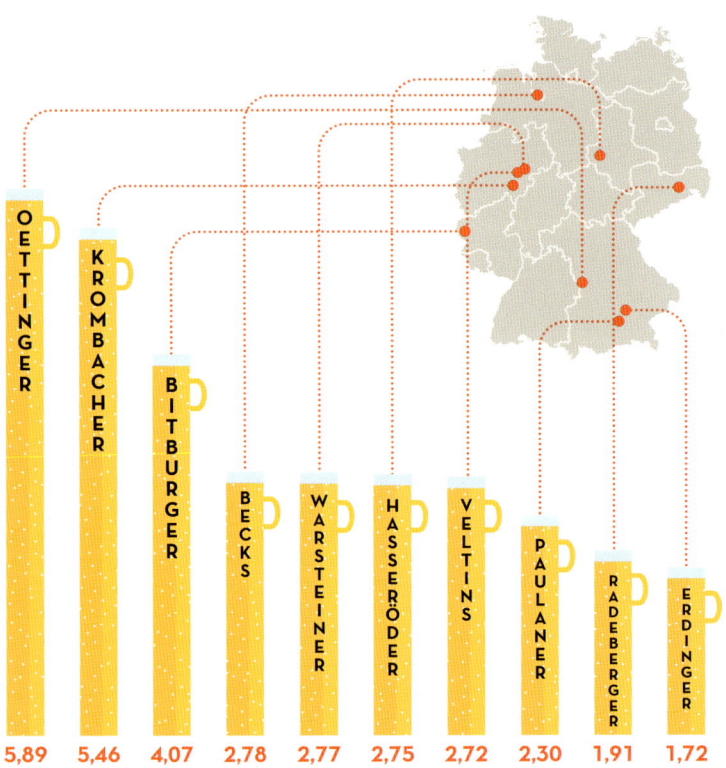

OETTINGER	KROMBACHER	BITBURGER	BECKS	WARSTEINER	HASSERÖDER	VELTINS	PAULANER	RADEBERGER	ERDINGER
5,89	5,46	4,07	2,78	2,77	2,75	2,72	2,30	1,91	1,72

66

Mahlzeit!

Die beliebtesten Wurstsorten der Deutschen

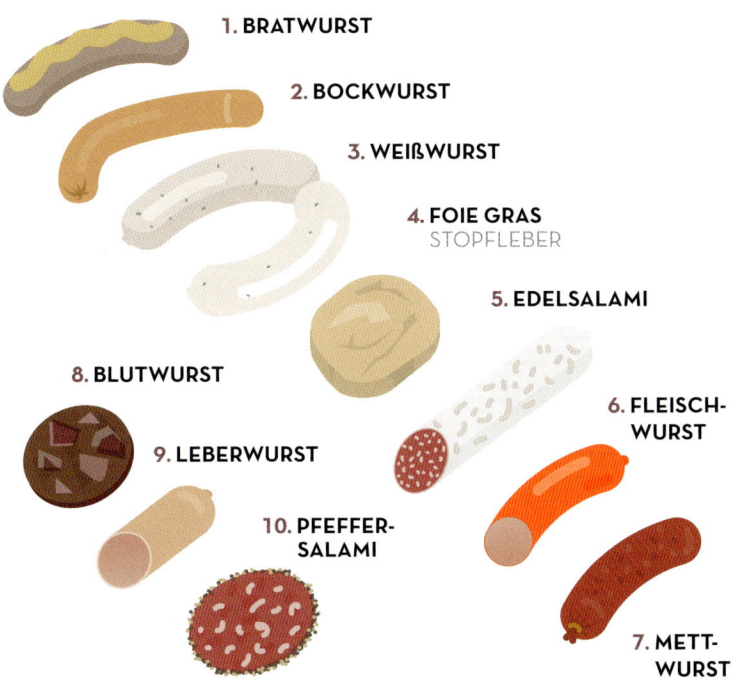

1. BRATWURST

2. BOCKWURST

3. WEIßWURST

4. FOIE GRAS
STOPFLEBER

5. EDELSALAMI

8. BLUTWURST

6. FLEISCH-
WURST

9. LEBERWURST

10. PFEFFER-
SALAMI

7. METT-
WURST

67

Weinanbaugebiete

Weinproduktion in deutschen Anbaugebieten
in Hektoliter

2 619 090	1	Rheinhessen
2 180 647	2	Pfalz
1 370 180	3	Baden
1 001 299	4	Württemberg
956 028	5	Mosel
373 385	6	Franken
335 743	7	Nahe
228 307	8	Rheingau
55 712	9	Saale-Unstrut
46 819	10	Ahr
36 271	11	Mittelrhein
30 847	12	Hessische Bergstraße
23 647	13	Sachsen

Weinanbaugebiete
Anbauflächen

Stargarder Land

Werder/Havel

Saale-
Unstrut

Böddiger Berg

Sachsen

Mittelrhein

Ahr

Mosel

Rhein-
gau

Hessische Bergstraße

Nahe

Franken

Rheinhessen

Pfalz

Regensburg

Württemberg

Baden

68

Traditionsgerichte

Die beliebtesten Speisen nach ARD-Buffet

 SCHWEINSBRATEN MIT
BIERSOSSE UND KNÖDELN

 ZWIEBELROSTBRATEN

 THÜRINGER KLÖSSE
MIT ROULADEN

 RHEINISCHER
SAUERBRATEN

5 KOHLROULADE MIT KARTOFFELN

6 SPARGEL MIT BUTTER UND SCHINKEN

7 KÖNIGSBERGER KLOPSE

8 ENTENBRATEN MIT ROTKRAUT UND KASTANIEN

9 MATJES NACH HAUSFRAUENART

10 POMMERSCHER GÄNSEBRATEN

69

Brotzeit

Im Jahr 2012 kauften die Deutschen 1 928 000 Tonnen Brot.

Die beliebtesten Brotsorten

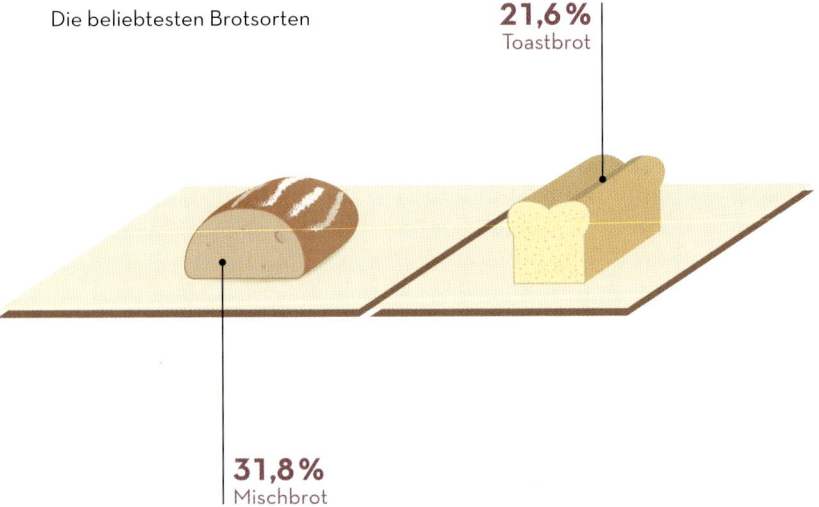

21,6 %
Toastbrot

31,8 %
Mischbrot

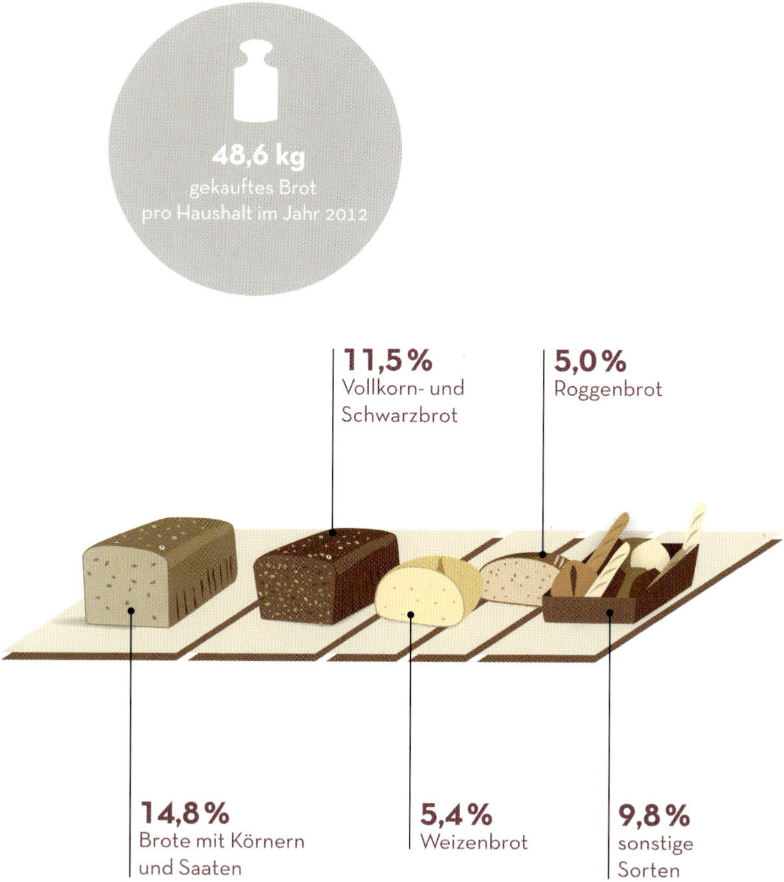

48,6 kg
gekauftes Brot
pro Haushalt im Jahr 2012

11,5 %
Vollkorn- und
Schwarzbrot

5,0 %
Roggenbrot

14,8 %
Brote mit Körnern
und Saaten

5,4 %
Weizenbrot

9,8 %
sonstige
Sorten

Kultur
&
Unterhaltung

Dichter & Denker

Drama, Oper, Romane und Lyrik

1750   1800

GOTTHOLD EPHRAIM LESSING   **WILHELM BUSCH**

Nathan der Weise   **JOHANN WOLFGANG VON GOETHE**

Faust   **FRIEDRICH SCHILLER**

Die Räuber

Kinder- und Hausmärchen   **HEINRICH HEINE**

Buch der Lieder   **THEODOR**

Schimmelreiter   **THEODOR**

Effi Briest

Philosophen

IMMANUEL KANT   *Phänomenologie des Geistes*

Kritik der reinen Vernunft   **GEORG WILHELM FRIEDRICH HEGEL**

ARTHUR SCHOPENHAUER

GOTTFRIED WILHELM LEIBNIZ   *Die Welt als Wille und Vorstellung*   **KARL MARX**

Monadologia

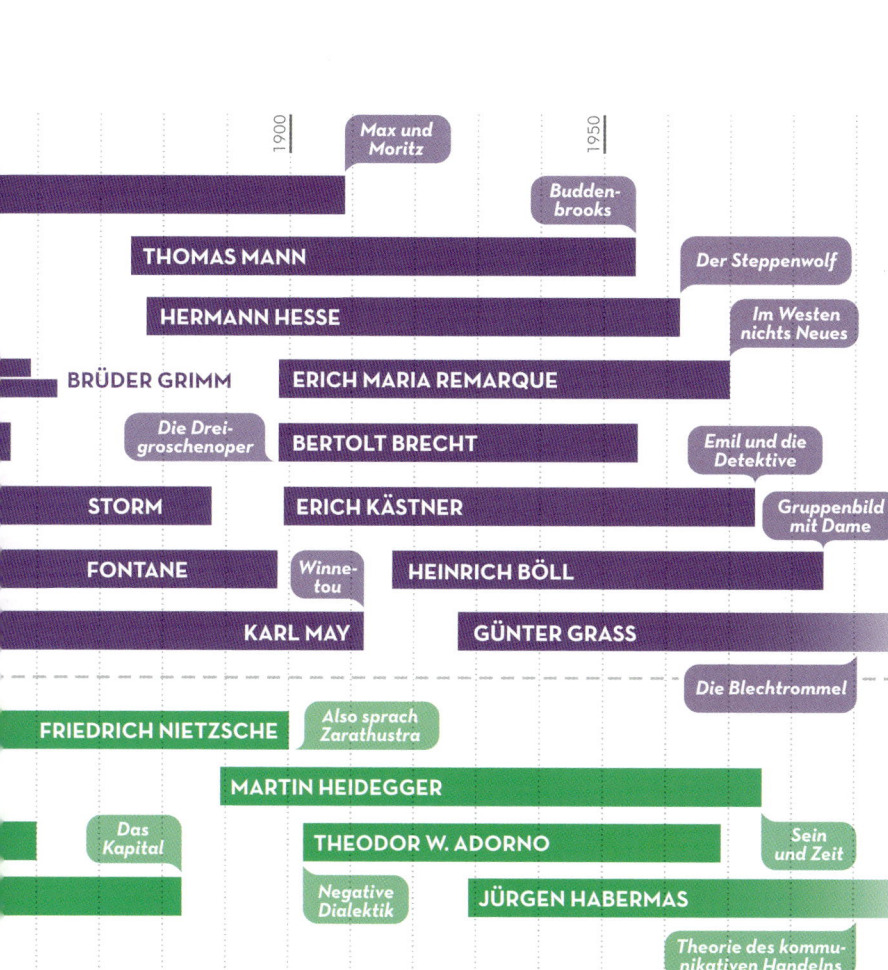

1900

1950

Max und
Moritz

Budden-
brooks

THOMAS MANN

Der Steppenwolf

HERMANN HESSE

Im Westen
nichts Neues

BRÜDER GRIMM

ERICH MARIA REMARQUE

Die Drei-
groschenoper

BERTOLT BRECHT

Emil und die
Detektive

STORM

ERICH KÄSTNER

Gruppenbild
mit Dame

FONTANE

Winne-
tou

HEINRICH BÖLL

KARL MAY

GÜNTER GRASS

Die Blechtrommel

FRIEDRICH NIETZSCHE

Also sprach
Zarathustra

MARTIN HEIDEGGER

Das
Kapital

THEODOR W. ADORNO

Sein
und Zeit

Negative
Dialektik

JÜRGEN HABERMAS

Theorie des kommu-
nikativen Handelns

71

Künstler

Bildende Künstler verschiedener Kunstepochen
und eines ihrer wichtigsten Werke

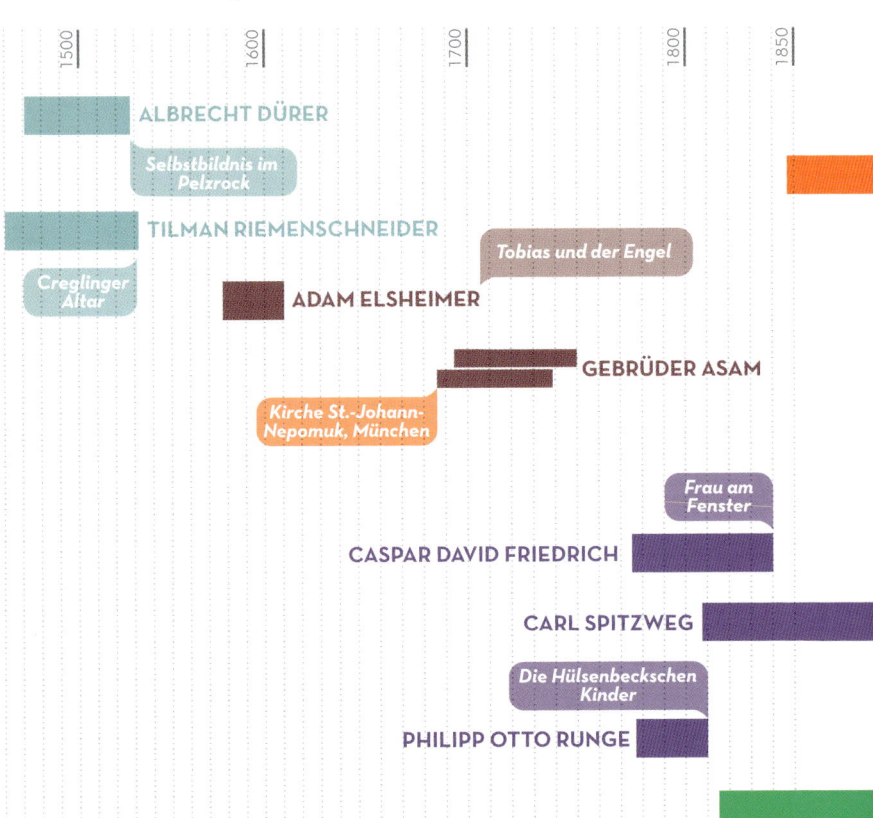

1500　1600　1700　1800　1850

ALBRECHT DÜRER

Selbstbildnis im Pelzrock

TILMAN RIEMENSCHNEIDER

Tobias und der Engel

Creglinger Altar

ADAM ELSHEIMER

GEBRÜDER ASAM

Kirche St.-Johann-Nepomuk, München

Frau am Fenster

CASPAR DAVID FRIEDRICH

CARL SPITZWEG

Die Hülsenbeckschen Kinder

PHILIPP OTTO RUNGE

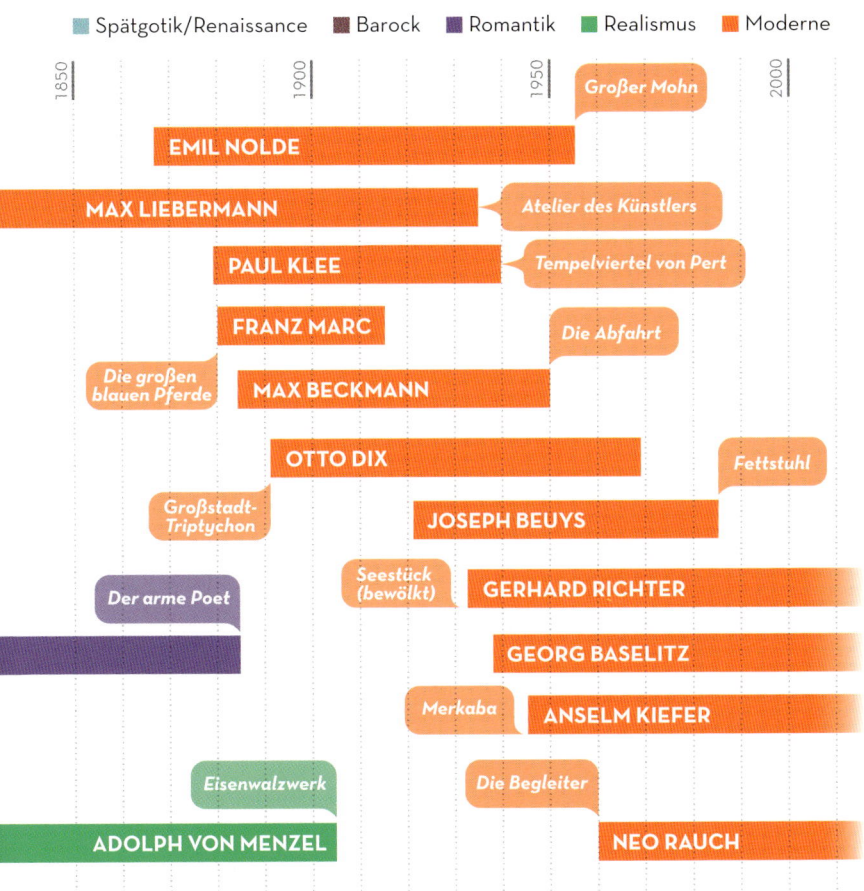

Spätgotik/Renaissance ■ Barock ■ Romantik ■ Realismus ■ Moderne

1850   1900   1950   2000

Großer Mohn

EMIL NOLDE

MAX LIEBERMANN   Atelier des Künstlers

PAUL KLEE   Tempelviertel von Pert

FRANZ MARC   Die Abfahrt

Die großen
blauen Pferde   MAX BECKMANN

OTTO DIX   Fettstuhl

Großstadt-
Triptychon   JOSEPH BEUYS

Seestück
(bewölkt)   GERHARD RICHTER

Der arme Poet   GEORG BASELITZ

Merkaba   ANSELM KIEFER

Eisenwalzwerk   Die Begleiter

ADOLPH VON MENZEL   NEO RAUCH

72

Komponisten

Berühmte Komponisten musikalischer Epochen
und eines ihrer wichtigsten Werke

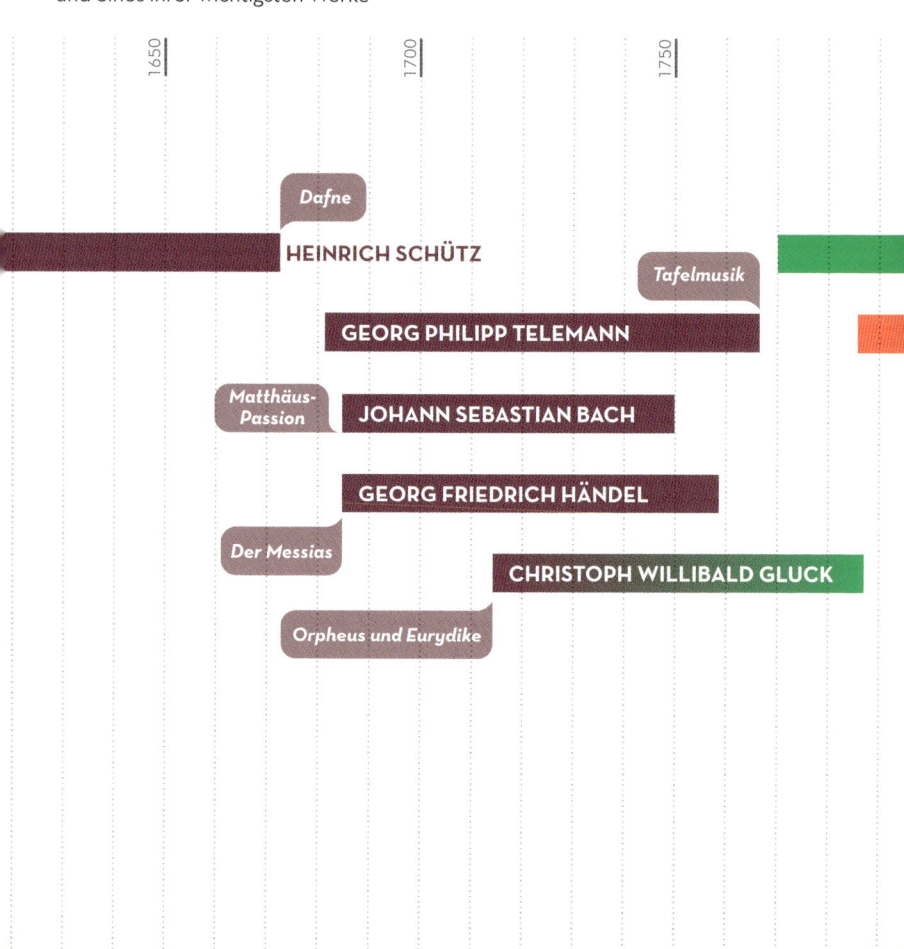

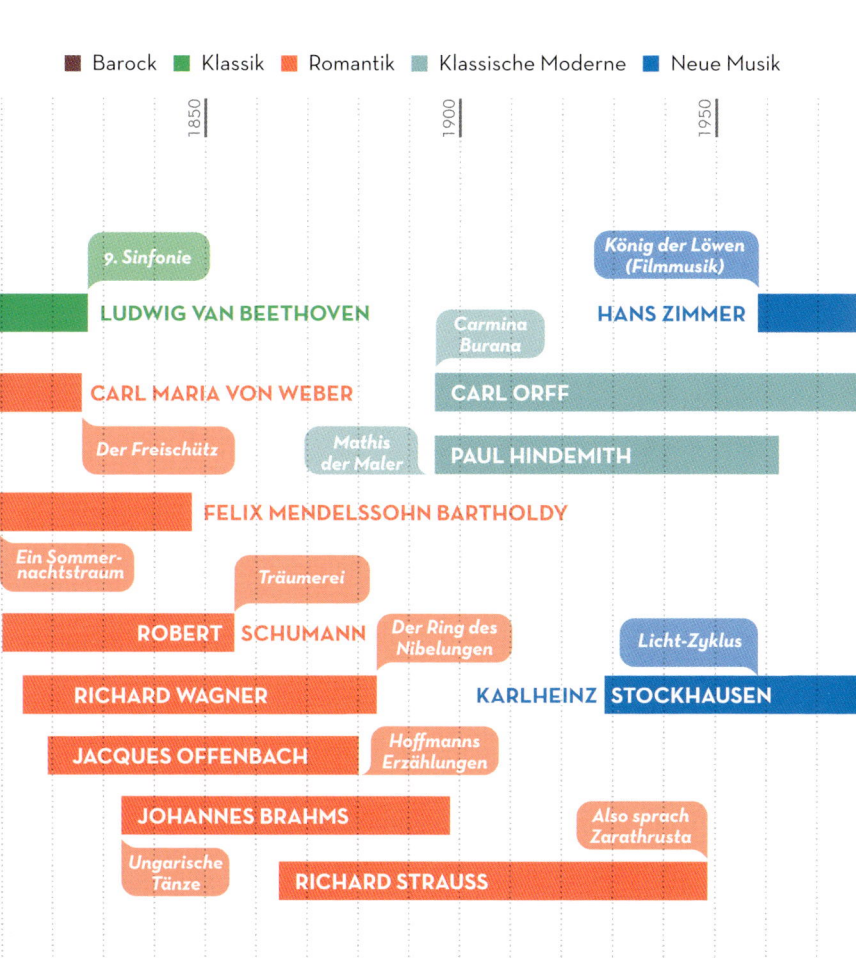

Barock ■ Klassik ■ Romantik ■ Klassische Moderne ■ Neue Musik

1850   1900   1950

9. Sinfonie
LUDWIG VAN BEETHOVEN

König der Löwen
(Filmmusik)
HANS ZIMMER

Carmina
Burana
CARL ORFF

CARL MARIA VON WEBER

Der Freischütz

Mathis
der Maler
PAUL HINDEMITH

FELIX MENDELSSOHN BARTHOLDY

Ein Sommer-
nachtstraum

Träumerei

ROBERT SCHUMANN

Der Ring des
Nibelungen

Licht-Zyklus

RICHARD WAGNER

KARLHEINZ STOCKHAUSEN

JACQUES OFFENBACH

Hoffmanns
Erzählungen

JOHANNES BRAHMS

Also sprach
Zarathustra

Ungarische
Tänze

RICHARD STRAUSS

73

Singles

Meistverkaufte Singles in Deutschland in Millionen Stück

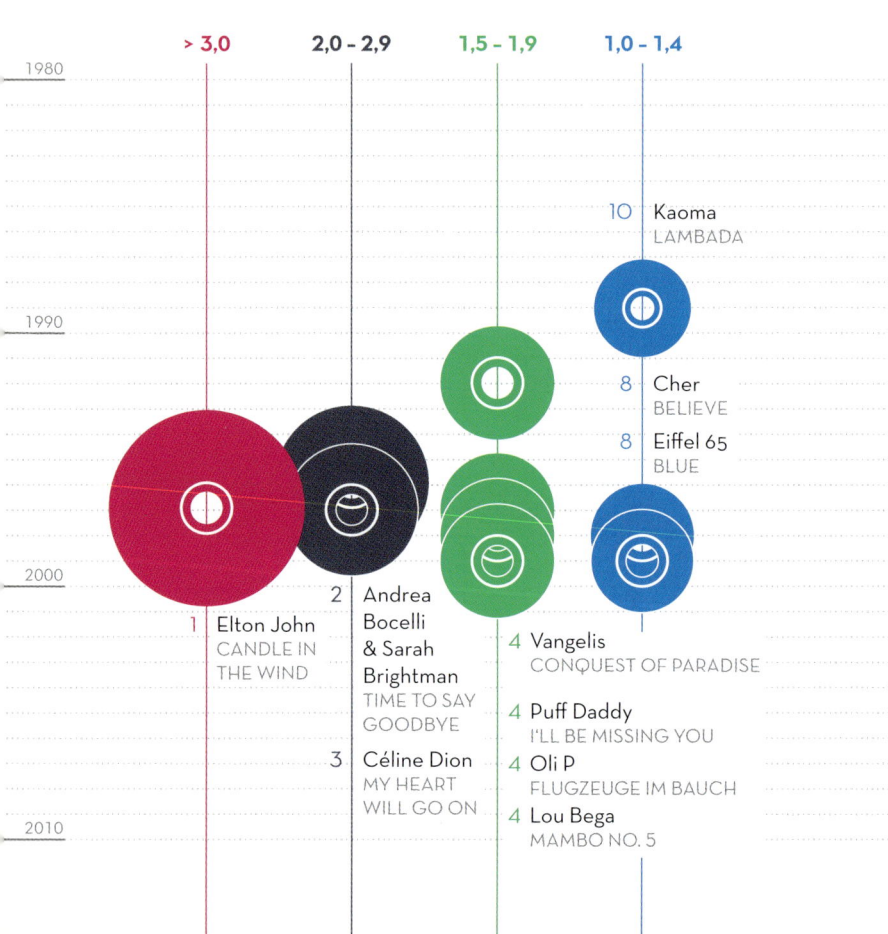

> 3,0   2,0 – 2,9   1,5 – 1,9   1,0 – 1,4

1980

1990

2000

2010

1 Elton John
CANDLE IN THE WIND

2 Andrea Bocelli & Sarah Brightman
TIME TO SAY GOODBYE

3 Céline Dion
MY HEART WILL GO ON

4 Vangelis
CONQUEST OF PARADISE

4 Puff Daddy
I'LL BE MISSING YOU

4 Oli P
FLUGZEUGE IM BAUCH

4 Lou Bega
MAMBO NO. 5

10 Kaoma
LAMBADA

8 Cher
BELIEVE

8 Eiffel 65
BLUE

Musikalben

Meistverkaufte deutsche Alben in Millionen Stück

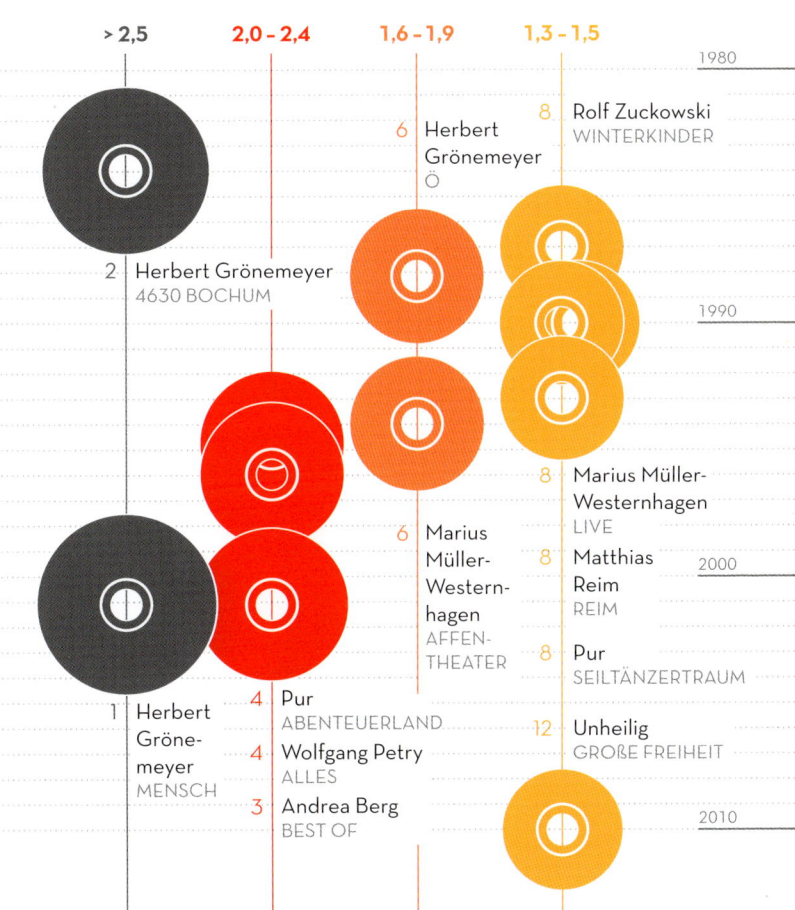

> 2,5   2,0 – 2,4   1,6 – 1,9   1,3 – 1,5

1980

8 Rolf Zuckowski
WINTERKINDER

6 Herbert
Grönemeyer
Ö

2 Herbert Grönemeyer
4630 BOCHUM

1990

8 Marius Müller-
Westernhagen
LIVE

6 Marius
Müller-
Western-
hagen
AFFEN-
THEATER

8 Matthias
Reim
REIM   2000

8 Pur
SEILTÄNZERTRAUM

1 Herbert
Gröne-
meyer
MENSCH

4 Pur
ABENTEUERLAND

4 Wolfgang Petry
ALLES

3 Andrea Berg
BEST OF

12 Unheilig
GROSSE FREIHEIT

2010

75

Erfolgreichste Musiker

Musiker, die sich am längsten in den Top 10 der
deutschen Albumcharts halten konnten

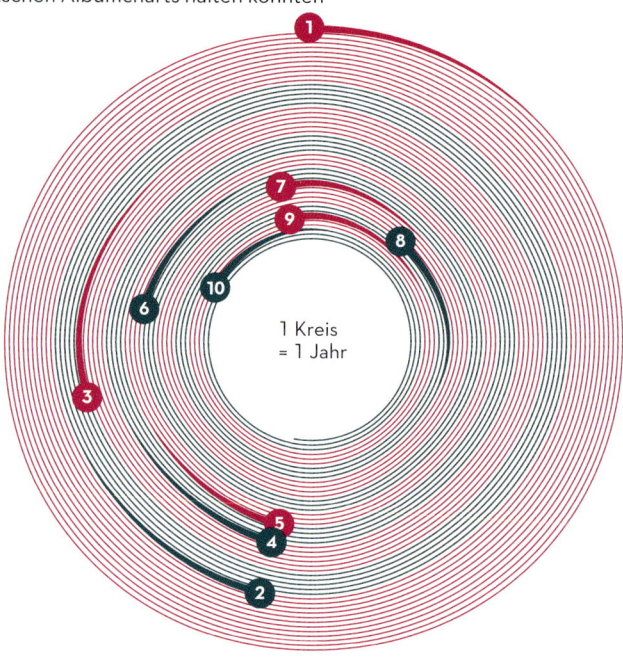

1 Kreis
= 1 Jahr

1. James Last   **2.** Peter Maffay   **3.** Herbert Grönemeyer
601 WOCHEN   270 WOCHEN   253 WOCHEN

4. K. Hübner und P. Hubschmid   **5.** M. Müller-Westernhagen   **6.** Die Ärzte
208 WOCHEN   168 WOCHEN   165 WOCHEN

7. BAP   **8.** Die Toten Hosen   **9.** Xavier Naidoo   **10.** Udo Lindenberg
164 WOCHEN   147 WOCHEN   144 WOCHEN   143 WOCHEN

Internationale Hits

Deutsche Musiker und Produzenten, die bei Chartplatzierungen
im Ausland auf Nummer 1 standen, in Wochen

BONEY M
Frank Farian
168 ★★★★★★★★★★★★★★★★★★★★★★★
★★★★★★★★★★★★★★★★★★★★★★★
★★★★★★★★★★★★★★★★★★★★★★★
★★★★★★★★★★★★★★★★★★★★★★★
★★★★★★★★★★★★★★★★★★★★★★★
★★★★★★★★★★★★★★★★★★★★★★★
★★★★★★★★★★★★★★★★★★★★★★★
★★★★★★★★★★★★★★★★★★★★★★★

LOU BEGA
81 ★★★★★★★★★★★★★★★★★★★★★★★
★★★★★★★★★★★★★★★★★★★★★★★
★★★★★★★★★★★★★★★★★★★★★★★
★★★★★★★★★★★

SNAP!
42 ★★★★★★★★★★★★★★★★★★★★★★★
★★★★★★★★★★★★★★★★★★★

MILLI VANILLI
Frank Farian
33 ★★★★★★★★★★★★★★★★★★★★★★★
★★★★★★★★★★

NENA
32 ★★★★★★★★★★★★★★★★★★★★★★★
★★★★★★★★★

ENIGMA
32 ★★★★★★★★★★★★★★★★★★★★★★★
★★★★★★★★★

SCORPIONS
26 ★★★★★★★★★★★★★★★★★★★★★★★★
★★

OCEANA
26 ★★★★★★★★★★★★★★★★★★★★★★★★
★★

SCOOTER
24 ★★★★★★★★★★★★★★★★★★★★★★★★

MODERN TALKING
24 ★★★★★★★★★★★★★★★★★★★★★★★★

THE BASEBALLS
24 ★★★★★★★★★★★★★★★★★★★★★★★★

Komiker & Kabarettisten

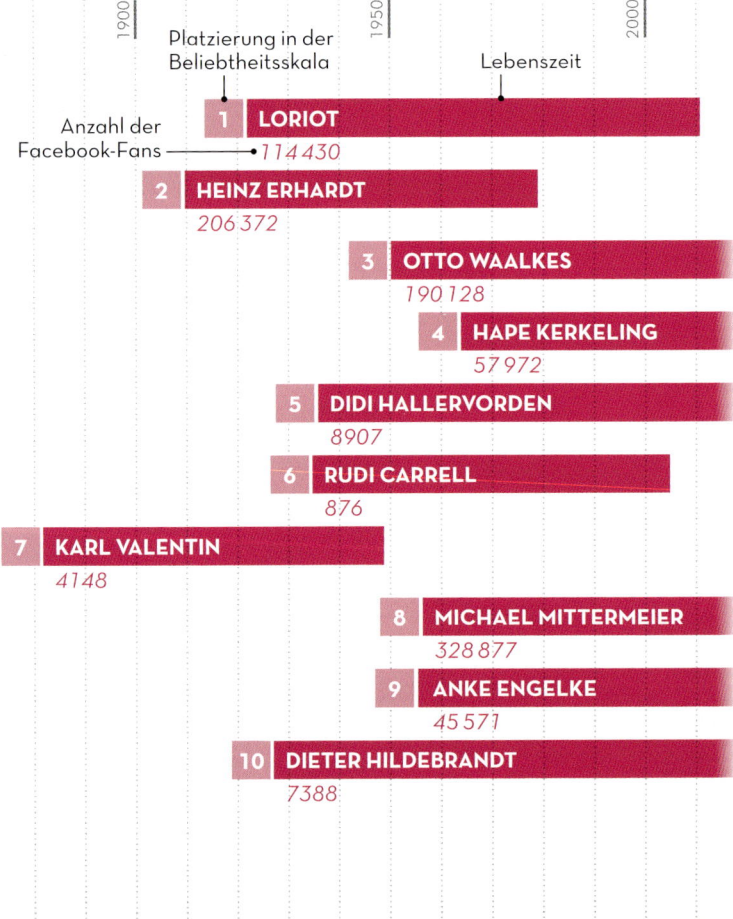

Platzierung in der Beliebtheitsskala

Lebenszeit

Anzahl der Facebook-Fans

1 LORIOT
114 430

2 HEINZ ERHARDT
206 372

3 OTTO WAALKES
190 128

4 HAPE KERKELING
57 972

5 DIDI HALLERVORDEN
8907

6 RUDI CARRELL
876

7 KARL VALENTIN
4148

8 MICHAEL MITTERMEIER
328 877

9 ANKE ENGELKE
45 571

10 DIETER HILDEBRANDT
7388

1900 1950 2000

Comic- & Kinderfiguren

Wer erkennt unsere deutschen Kinderhelden?

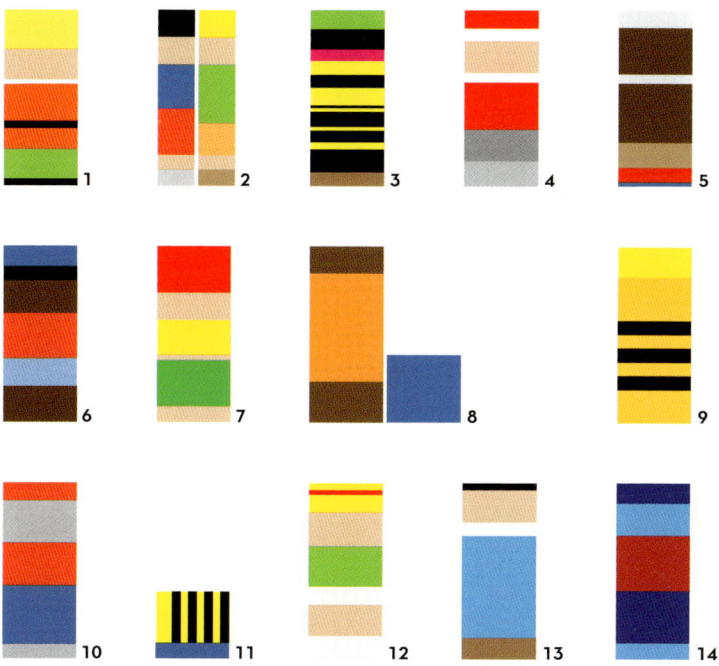

13 Werner, 1981 (Comic); **14** Käpt'n Blaubär, 1991 (TV)

10 Benjamin Blümchen, 1977 Tigerente, 1978 (Buch); **11** Tigerente, 1978 (Buch); **12** Bibi Blocksberg, 1980 (Hörspiel);

7 Pumuckl, 1965 (Buch); **8** Maus, 1971 und Elefant, 1975 (TV); **9** Biene Maja, 1975 (TV);

1937 (Comic); **4** Sandmännchen, 1959 (TV); **5** Pittiplatsch, 1959 (TV); **6** Jim Knopf, 1960 (Buch);

1 Von links oben nach rechts unten: Struwwelpeter, 1845 (Buch); **2** Max und Moritz, 1865 (Comic); **3** Lurchi,

79

TV-Ereignisse

 26. Juni 1963
John F. Kennedy: „Ich bin ein Berliner"

 24. Oktober 1963
Das Wunder von Lengede

 20. Juli 1969
Mondlandung

 7. Dezember 1970
Willy Brandts Kniefall in Warschau

 29. Juli 1981
Hochzeit von Lady Diana & Prinz Charles

 9. November 1989
Fall der Berliner Mauer

 8. Juli 1990
Der einsame „Kaiser" bei der WM in Rom

 11. August 1999
Die Sonnenfinsternis

 19. April 2005
Joseph Kardinal Ratzinger wird Papst

 Juni/Juli 2006
Fußball-WM

Mystische Orte

Thingplatz Gulde

Boitiner Steintanz

Ahlhorner Heide mit
Visbeker Bräutigam

Externsteine

Brocken

Urwald Sababurg

Kyffhäuser mit Barbarossahöhle

Sonnenobservatorium
& Fundort der Himmels-
scheibe von Nebra

Kakushöhle

Opfermoor
Niederdorla

Kaiser Karls Bettstatt

Loreley

Klosterruine
Disibodenberg

Burg Frankenstein

Heiligenberg bei Heidelberg

Gollenstein
bei Blieskastel

Teufelstisch
im Hinterweidenthal

Blautopf in
Blaubeuren

Untersberg

81

Tatortkommissare

Durchschnittliche Zuschauerzahlen von 2010 bis 2012
der beliebtesten „Tatort"-Ermittler
in Millionen

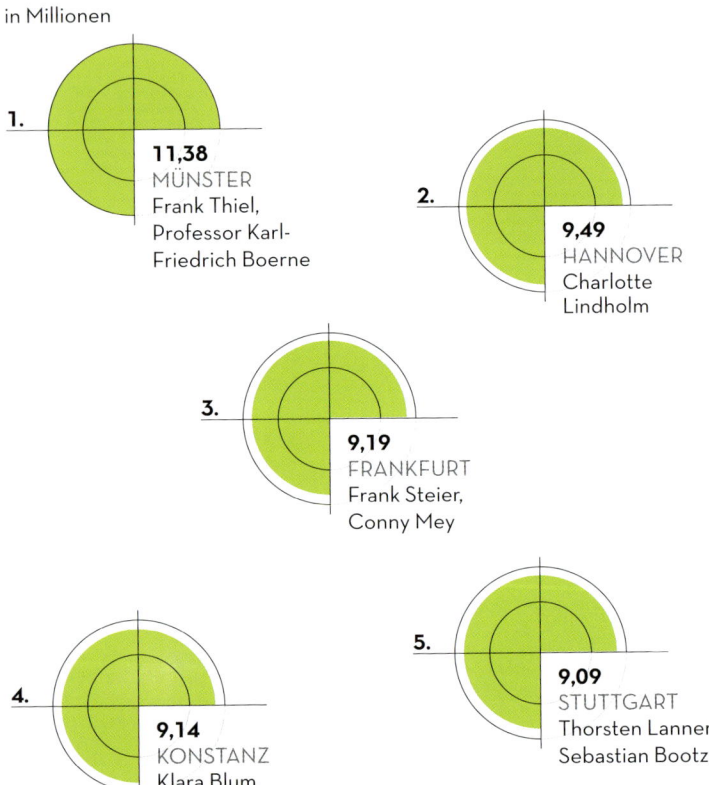

1.

11,38
MÜNSTER
Frank Thiel,
Professor Karl-
Friedrich Boerne

2.

9,49
HANNOVER
Charlotte
Lindholm

3.

9,19
FRANKFURT
Frank Steier,
Conny Mey

5.

9,09
STUTTGART
Thorsten Lannert,
Sebastian Bootz

4.

9,14
KONSTANZ
Klara Blum,
Kai Perlmann

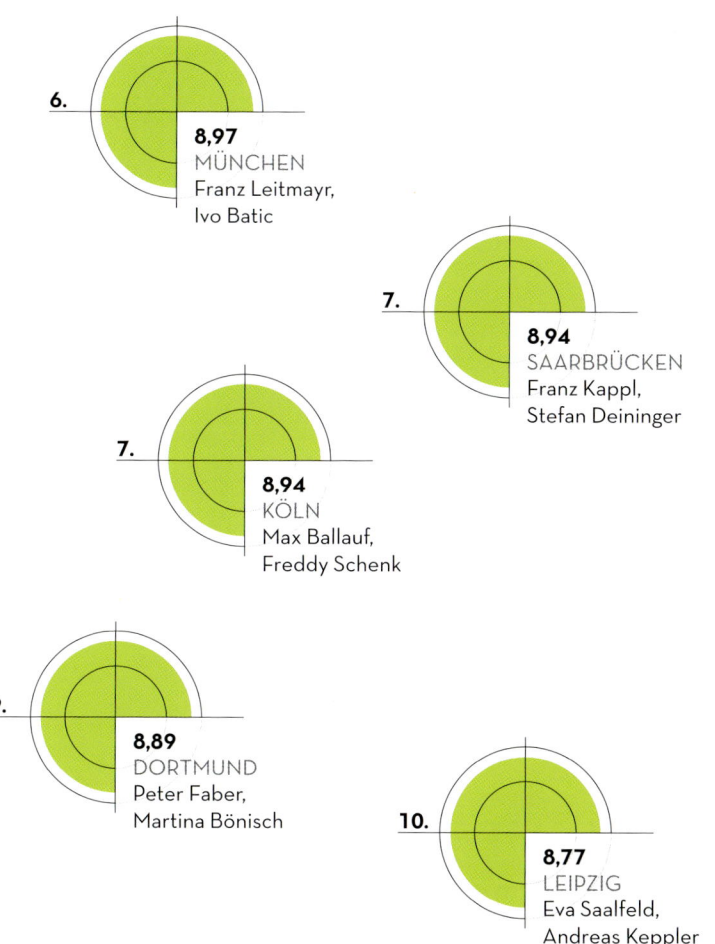

6. **8,97** MÜNCHEN
Franz Leitmayr,
Ivo Batic

7. **8,94** SAARBRÜCKEN
Franz Kappl,
Stefan Deininger

7. **8,94** KÖLN
Max Ballauf,
Freddy Schenk

9. **8,89** DORTMUND
Peter Faber,
Martina Bönisch

10. **8,77** LEIPZIG
Eva Saalfeld,
Andreas Keppler

82

Oscarpreisträger

Insgesamt 43 Mal wurden Deutsche
mit einem Oscar ausgezeichnet.
Eine Auswahl der wichtigsten Auszeichnungen

Beste Hauptdarsteller/-in

Emil Jannings
„Sein letzter Befehl"
1929

Luise Rainer
„Der große Ziegfeld"
1937

Luise Rainer
„Die gute Erde"
1938

Beste Filmmusik

Hans Zimmer
„Der König der Löwen"
1995

Bester Dokumentarfilm

Bernhard Grzimek
„Serengeti darf
nicht sterben"
1960

Beste visuelle Effekte

Volker Engel
„Independence Day"
1997

Bester fremdsprachiger Film

Volker Schlöndorff
„Die Blechtrommel"
1980

Caroline Link
„Nirgendwo in Afrika"
2003

Florian Henckel
von Donnersmarck
„Das Leben der Anderen"
2007

Theater

Eine Auswahl der bekanntesten Spielstätten

Thalia Theater
HAMBURG

Deutsches Schauspielhaus
HAMBURG

Deutsches Theater
BERLIN

Volksbühne
BERLIN

Berliner Ensemble
BERLIN

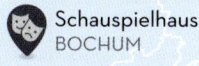

Schauspielhaus
BOCHUM

Neue Bühne
SENFTENBERG

Deutsches Nationaltheater
WEIMAR

Hessisches Staatstheater
WIESBADEN

Staatstheater
STUTTGART

Münchner Kammerspiele
MÜNCHEN

Prinzregententheater
MÜNCHEN

84

Medienunternehmen

Die umsatzstärksten Medienunternehmen und ihr Hauptsitz

12 HAMBURG **6**
NDR HD
BAUER
MEDIA GROUP

1 GÜTERSLOH
BERTELSMANN

11 ESSEN
WAZ
MEDIEN*
GRUPPE

19 DÜSSELDORF
QVC

9 KÖLN **20**
WDR
MEDIENGRUPPE
M. DuMont Schauberg

5 MAINZ
ZDF

14 LUDWIGSHAFEN
MEDIEN
UNION

17 HEIDELBERG
Springer

10 STUTTGART **4**
SWR
VERLAGSGRUPPE
GEORG VON HOLTZBRINCK

16 SWMH
Südwestdeutsche Medienholding

17 DSV Gruppe
Deutscher Sparkassenverlag

7 OFFENBURG
Hubert
Burda
Media

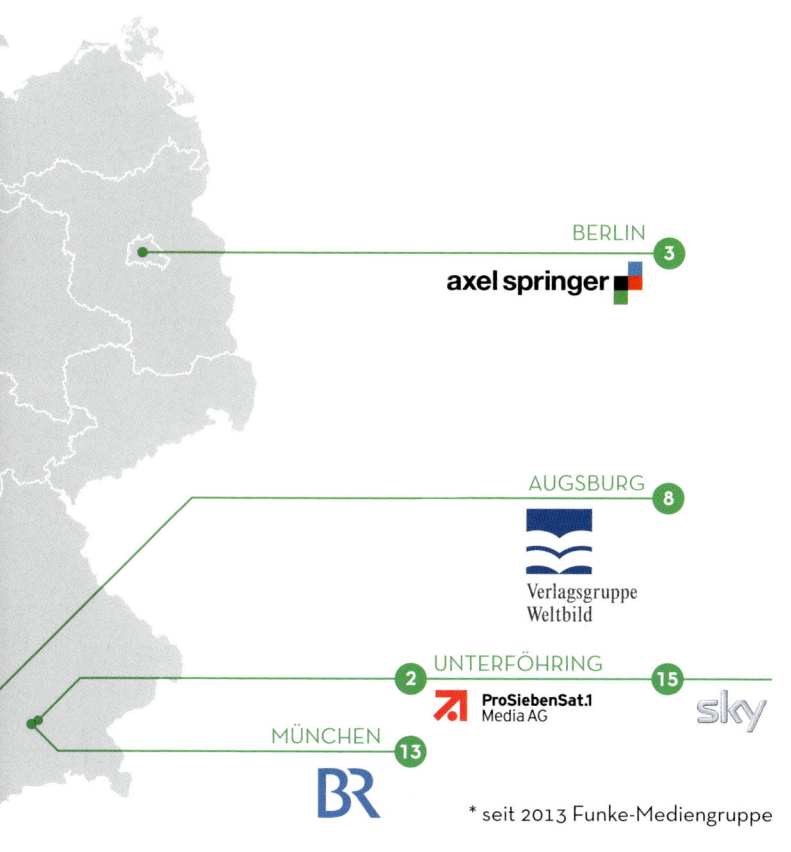

BERLIN **3**

axel springer

AUGSBURG **8**

Verlagsgruppe
Weltbild

UNTERFÖHRING
2 ProSiebenSat.1
Media AG
15 sky

MÜNCHEN
13
B℞

* seit 2013 Funke-Mediengruppe

85

Zoologische Gärten

Die beliebtesten Tiergärten nach Anzahl der Besucher

Tierpark Hagenbeck*
HAMBURG

1. Erlebnis-Zoo
HANNOVER
3,238 Mio.

2. Zoologischer
Garten
BERLIN
2,944 Mio.

10. Zoo
DUISBURG
1,107 Mio.

4. Zoologischer
Garten
LEIPZIG
2,098 Mio.

6. Kölner Zoo
KÖLN
1,597 Mio.

9. Luisenpark
MANNHEIM
1,2 Mio.

8. Tiergarten
NÜRNBERG
1,223 Mio.

7. Zoologischer
Garten
KARLSRUHE
1,434 Mio.

3. Wilhelma Zoo und
botanischer Garten
STUTTGART
2,285 Mio.

5. Tierpark Hellabrunn
MÜNCHEN
1,821 Mio.

* erster Zoo mit artgerechter
Umgebung, ohne Gitteranlagen

Freizeitparks

Die beliebtesten Vergnügungsparks nach Anzahl der Besucher

6. Hansa-Park
SIERKSDORF
1,1 Mio.

3. Heide Park
SOLTAU
1,5 Mio.

5. Movie Park
BOTTROP
1,2 Mio.

2. Phantasialand
BRÜHL
2 Mio.

10. Belantis
LEIPZIG
560 000

8. Freizeit-Land
GEISELWIND
1 Mio.

7. Holiday Park
HASSLOCH
1 Mio.

9. Erlebnispark Tripsdrill
CLEEBRONN
600 000

1. Europa-Park
RUST
4,5 Mio.

4. Legoland
GÜNZBURG
1,3 Mio.

87

Feste & Festivals

Die zehn größten Veranstaltungen nach Besucherzahlen

1. **Oktoberfest (Wiesn)**
   MÜNCHEN
   Dauer: 16 Tage
   Besucher 2013: 6,4 Mio.

2. **Größte Kirmes am Rhein**
   DÜSSELDORF
   Dauer: 9 Tage
   Besucher 2013: 4,2 Mio.

3. **Cranger Kirmes**
   HERNE
   Dauer: 10 Tage
   Besucher 2013: 4,0 Mio.

4. **Freimarkt**
   BREMEN
   Dauer: 17 Tage
   Besucher 2013: 4,0 Mio.

5. Hamburger Dom
HAMBURG
Dauer: jeweils 30 Tage
Besucher 2013:
Sommerdom: 4,0 Mio.
Frühlingsdom: 3,5 Mio.
Winterdom 3,0 Mio. (2012)

6. Cannstatter Volksfest
STUTTGART
Dauer: 10 Tage
Besucher 2013: 3,7 Mio.

7. Kieler Woche
KIEL
Dauer: 10 Tage
Besucher 2013: 3,0 Mio.

8. Nürnberger Volksfest
NÜRNBERG
Dauer: 16 Tage/17 Tage
Besucher 2013:
Frühlingsfest: keine Erhebung
Herbstfest: 2,0 Mio.

9. Libori
PADERBORN
Dauer: 9 Tage
Besucher 2013: 1,6 Mio.

10. Schützenfest Hannover
HANNOVER
Dauer: 10 Tage
Besucher 2013: 1,5 Mio.

88

Weihnachtsmärkte

Die zehn größten Weihnachtsmärkte und ihre typischen Spezialitäten

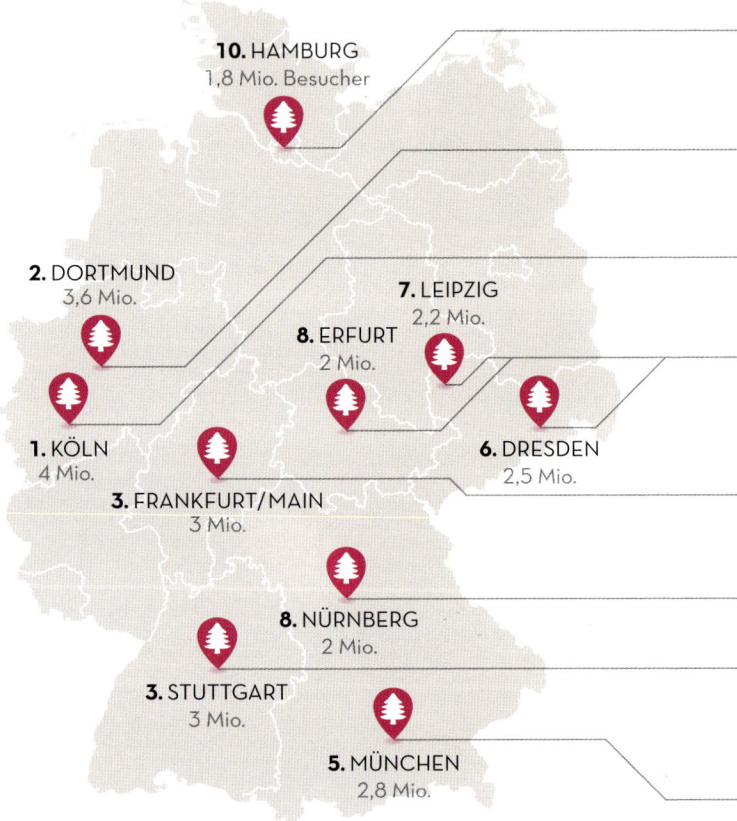

10. HAMBURG
1,8 Mio. Besucher

2. DORTMUND
3,6 Mio.

7. LEIPZIG
2,2 Mio.

8. ERFURT
2 Mio.

1. KÖLN
4 Mio.

6. DRESDEN
2,5 Mio.

3. FRANKFURT/MAIN
3 Mio.

8. NÜRNBERG
2 Mio.

3. STUTTGART
3 Mio.

5. MÜNCHEN
2,8 Mio.

Klöben,
braune und weiße Kuchen

Weihnachtslikör

Dom-Spekulatius,
Reibekuchen

Pflaumentoffel,
Pfefferkuchen,
Christstollen

heißer Äppelwoi,
Bethmännchen

Lebkuchen

Hutzelbrot,
Springerle

Bratäpfel,
Zwetschgenmanderl,
Lebkuchenherzen,
Festbier

Sport

89

Sportarten

Die beliebtesten Sportarten nach Anzahl der Vereinsmitglieder

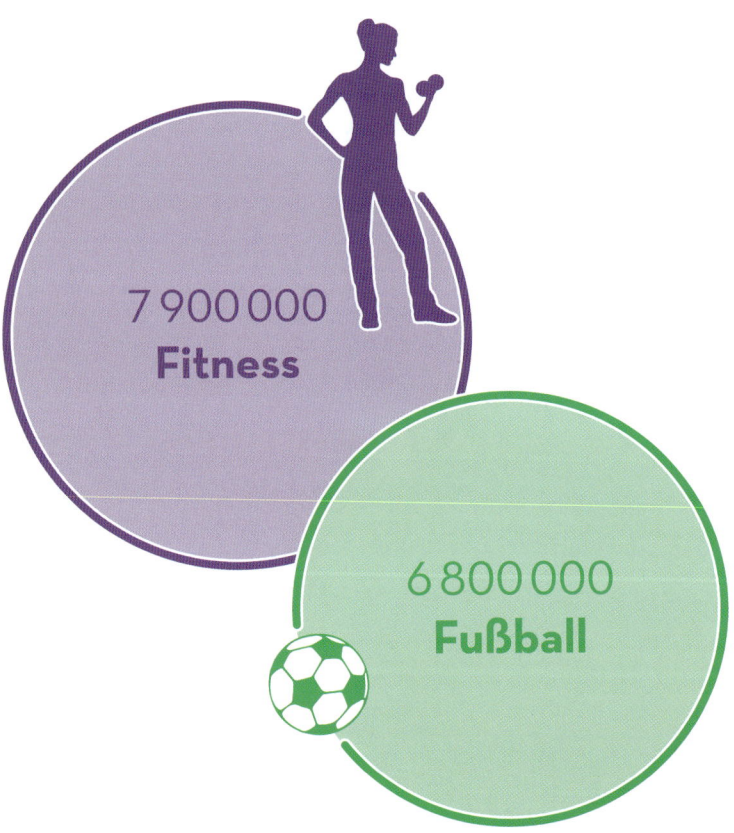

7 900 000
Fitness

6 800 000
Fußball

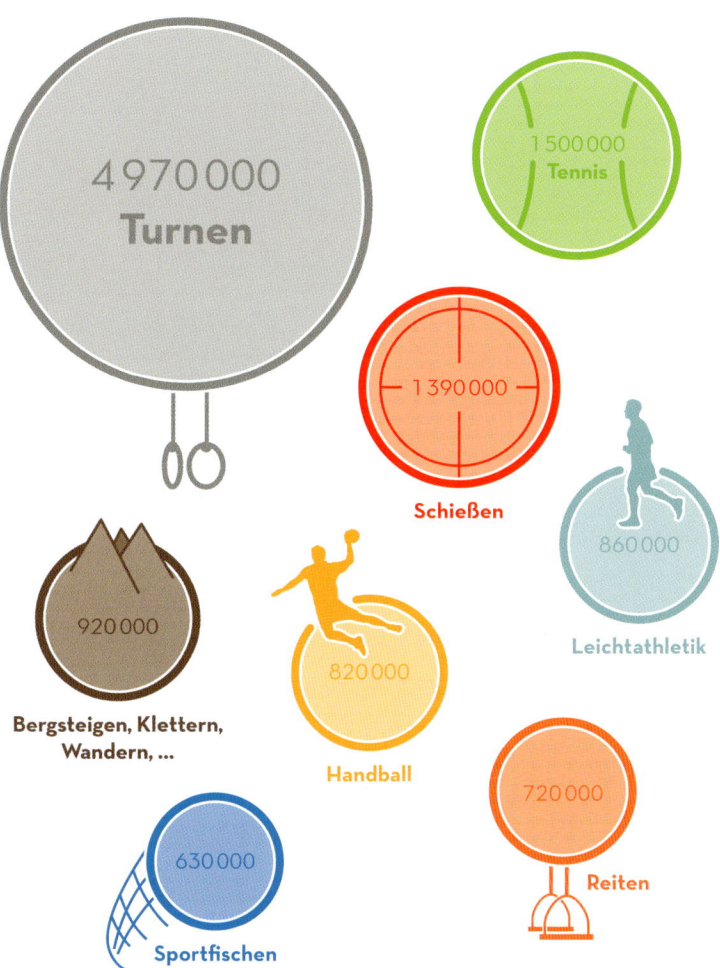

4 970 000
Turnen

1 500 000
Tennis

1 390 000
Schießen

920 000
Bergsteigen, Klettern, Wandern, ...

860 000
Leichtathletik

820 000
Handball

720 000
Reiten

630 000
Sportfischen

90

Fußballbundesliga

Vereine in der 1. Liga der Männer – Top 18 der ewigen Tabelle

Ligagründung: 1963
● Deutsche Meistertitel
● Erstligist Saison
  2013/2014

HSV ●●● HAMBURG

Werder ●●●● BREMEN

Fortuna DÜSSELDORF

MSV DUISBURG

Hannover 96 HANNOVER

Hertha BSC BERLIN

FC Schalke 04 GELSENKIRCHEN

Borussia ●●●●● DORTMUND

VfL BOCHUM

Bayer LEVERKUSEN

1. FC ●● KÖLN

Eintracht FRANKFURT

Borussia MÖNCHEN-GLADBACH ●●●●●

1. FC ●● KAISERSLAUTERN

1. FC ● NÜRNBERG

Karlsruher SC KARLSRUHE

VfB ●●● STUTTGART

FC Bayern MÜNCHEN
●●●●●●●●●●
●●●●●●●●●●

Vereine in der 1. Liga der Frauen – Top 12 der ewigen Tabelle

Ligagründung: 1989

● Deutsche Meistertitel

● Erstligst Saison 2013/2014

FFC Heike
RHEINE

FCR 2001 ●
DUISBURG

FFC Brauweiler Puhlheim
KÖLN

Sportfreunde ● ● ● ●
SIEGEN

SC 07
BAD
NEUENAHR

1. FC
SAARBRÜCKEN

VfL ●
WOLFSBURG

1. FFC Turbine
POTSDAM
● ● ● ● ● ●

1. FFC ● ● ● ● ● ● ●
FRANKFURT

FSV ● ●
FRANKFURT

TuS ●
NIEDERKIRCHEN

FC Bayern
MÜNCHEN

91

Torschützen

Die Top 10 der 1. Fußballbundesliga

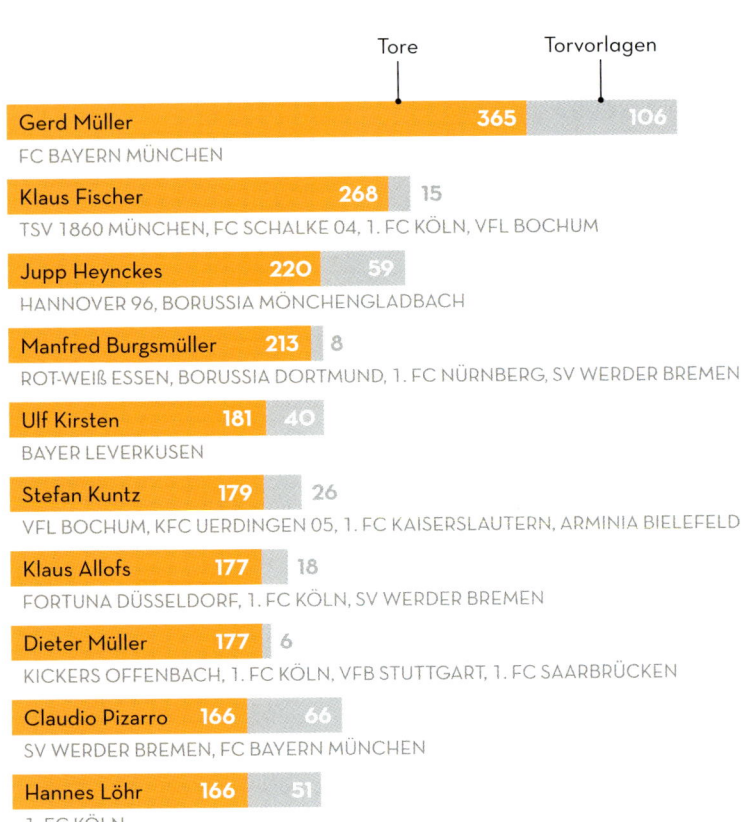

Tore | Torvorlagen

Gerd Müller — 365 | 106
FC BAYERN MÜNCHEN

Klaus Fischer — 268 | 15
TSV 1860 MÜNCHEN, FC SCHALKE 04, 1. FC KÖLN, VFL BOCHUM

Jupp Heynckes — 220 | 59
HANNOVER 96, BORUSSIA MÖNCHENGLADBACH

Manfred Burgsmüller — 213 | 8
ROT-WEIß ESSEN, BORUSSIA DORTMUND, 1. FC NÜRNBERG, SV WERDER BREMEN

Ulf Kirsten — 181 | 40
BAYER LEVERKUSEN

Stefan Kuntz — 179 | 26
VFL BOCHUM, KFC UERDINGEN 05, 1. FC KAISERSLAUTERN, ARMINIA BIELEFELD

Klaus Allofs — 177 | 18
FORTUNA DÜSSELDORF, 1. FC KÖLN, SV WERDER BREMEN

Dieter Müller — 177 | 6
KICKERS OFFENBACH, 1. FC KÖLN, VFB STUTTGART, 1. FC SAARBRÜCKEN

Claudio Pizarro — 166 | 66
SV WERDER BREMEN, FC BAYERN MÜNCHEN

Hannes Löhr — 166 | 51
1. FC KÖLN

Nationalspieler

Die Fußballspieler mit den meisten Einsätzen
für die Nationalelf und die geschossenen Tore.

130 Miroslav KLOSE — 68

105 Jürgen KÖHLER — 3

150 Lothar MATTHÄUS — 23

111 Lukas PODOLSKI — 46

103 Franz BECKENBAUER — 14

98 Michael BALLACK — 42

101 Thomas HÄßLER — 11

108 Jürgen KLINSMANN — 47

98 Bastian SCHWEINSTEIGER — 23

101 Philipp LAHM — 5

Spiele
Name Spieler
Tore

93

Basketballbundesliga

Vereine in der 1. Liga der Männer – Top 18+1* der ewigen Tabelle

Ligagründung: 1966
- ● Deutsche Meistertitel
- ● Erstligist Saison
  2013/2014

Eisbären BREMERHAVEN

EWE Baskets ● OLDENBURG

Artland Dragons QUAKENBRÜCK

New Yorker Phantoms BRAUNSCHWEIG

ALBA BERLIN ● ● ● ● ● ● ● ●

Bayer Giants LEVERKUSEN ● ● ● ● ● ● ● ● ●

Brandt ● HAGEN

ASC 46 ● ● ● GÖTTINGEN

99ers KÖLN ● ● ● ● ●

46ers ● ● ● ● GIESSEN

Fraport Skyliners FRANKFURT ●

Telekom Baskets BONN

TBB TRIER

medi ● BAYREUTH

brose baskets BAMBERG ● ● ● ● ● ●

MHP Riesen LUDWIGSBURG

s.Oliver Baskets* WÜRZBURG

ratiopharm ULM

FC Bayern MÜNCHEN

* Heimatverein von
  Dirk Nowitzki

Eishockeybundesliga

Vereine in der 1. Liga der Männer – Top 14 der ewigen Tabelle

Ligagründung: 1994
● Deutsche Meistertitel
● Erstligist Saison
  2013/2014

Freezers
HAMBURG

● Scorpions
  HANNOVER

Grizzly
Adams
WOLFSBURG

Eisbären
BERLIN
●●●●●●●

Pinguine ●
KREFELD

Roosters
ISERLOHN

EG
DÜSSELDORF

Huskies
KASSEL

Haie ●●
KÖLN

Lions
FRANKFURT

Adler ●●●●●
MANNHEIM

Thomas Sabo Ice Tigers
NÜRNBERG

ERC
INGOLSTADT

Panther
AUGSBURG

95

Handballbundesliga

Vereine in der 1. Liga der Männer – Top 18 der ewigen Tabelle

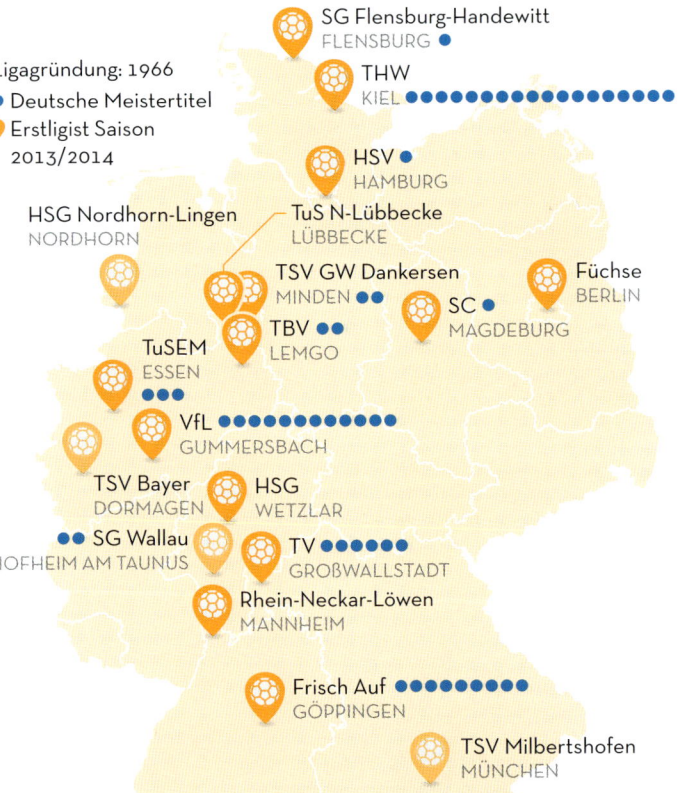

Ligagründung: 1966
● Deutsche Meistertitel
● Erstligist Saison
  2013/2014

SG Flensburg-Handewitt
FLENSBURG ●

THW
KIEL ●●●●●●●●●●●●●●●●●●●●

HSV ●
HAMBURG

HSG Nordhorn-Lingen
NORDHORN

TuS N-Lübbecke
LÜBBECKE

TSV GW Dankersen
MINDEN ●●

SC ●
MAGDEBURG

Füchse
BERLIN

TBV ●●
LEMGO

TuSEM
ESSEN
●●●

VfL ●●●●●●●●●●
GUMMERSBACH

TSV Bayer
DORMAGEN

HSG
WETZLAR

●● SG Wallau
HOFHEIM AM TAUNUS

TV ●●●●●●
GROßWALLSTADT

Rhein-Neckar-Löwen
MANNHEIM

Frisch Auf ●●●●●●●●
GÖPPINGEN

TSV Milbertshofen
MÜNCHEN

Spitzenverdiener

Einkommen von Sportlern in Millionen Euro 2012

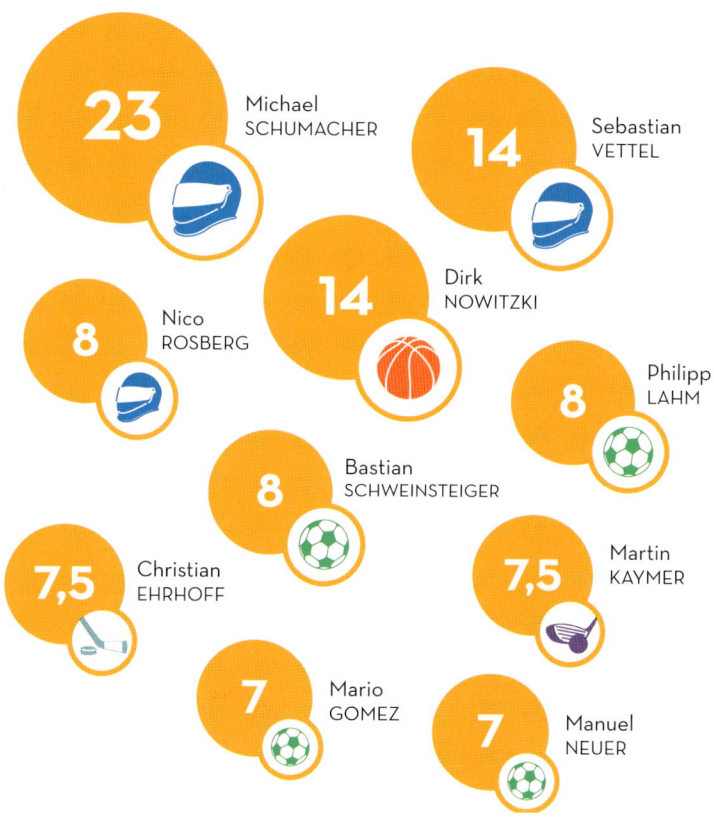

23 Michael
SCHUMACHER

14 Sebastian
VETTEL

14 Dirk
NOWITZKI

8 Nico
ROSBERG

8 Philipp
LAHM

8 Bastian
SCHWEINSTEIGER

7,5 Christian
EHRHOFF

7,5 Martin
KAYMER

7 Mario
GOMEZ

7 Manuel
NEUER

97

Olympiasieger

Männer

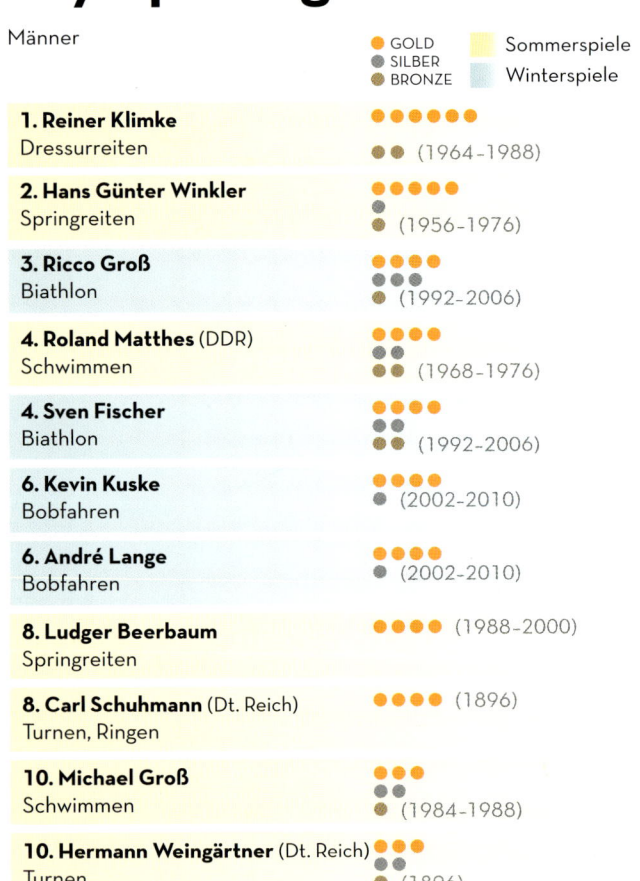

● GOLD
● SILBER
● BRONZE

▢ Sommerspiele
▢ Winterspiele

1. Reiner Klimke
Dressurreiten
● ● ● ● ● ●
● ● (1964–1988)

2. Hans Günter Winkler
Springreiten
● ● ● ● ●
●
● (1956–1976)

3. Ricco Groß
Biathlon
● ● ● ●
● ● ●
● (1992–2006)

4. Roland Matthes (DDR)
Schwimmen
● ● ● ●
● ●
● ● (1968–1976)

4. Sven Fischer
Biathlon
● ● ● ●
● ●
● ● (1992–2006)

6. Kevin Kuske
Bobfahren
● ● ● ●
● (2002–2010)

6. André Lange
Bobfahren
● ● ● ●
● (2002–2010)

8. Ludger Beerbaum
Springreiten
● ● ● ● (1988–2000)

8. Carl Schuhmann (Dt. Reich)
Turnen, Ringen
● ● ● ● (1896)

10. Michael Groß
Schwimmen
● ● ●
● ●
● (1984–1988)

10. Hermann Weingärtner (Dt. Reich)
Turnen
● ● ●
● ●
● (1896)

Frauen

● GOLD
● SILBER
● BRONZE

▢ Sommerspiele
▢ Winterspiele

1. Birgit Fischer (DDR, BRD)
Kanu
● ● ● ● ● ● ●
● ● ● ● (1980–2004)

2. Kristin Otto (DDR)
Schwimmen
● ● ● ● ● ● (1988)

3. Isabell Werth
Dressurreiten
● ● ● ● ●
● ● ● (1992–2008)

4. Claudia Pechstein
Eisschnelllauf
● ● ● ● ●
● ●
● ● (1992–2006)

5. Kornelia Ender (DDR)
Schwimmen
● ● ● ●
● ● ● ● (1972–1976)

6. Katrin Wagner-Augustin
Kanu
● ● ● ●
●
● (2000–2012)

7. Kathrin Boron
Rudern
● ● ● ●
● (1992–2008)

8. Nicole Uphoff
Dressurreiten
● ● ● ● (1988–1992)

8. Bärbel Wöckel (DDR)
Leichtathletik
● ● ● ● (1976–1980)

10. Karin Kania-Enke (DDR)
Eisschnelllauf
● ● ●
● ● ● ●
● (1980–1988)

10. Gunda Niemann-Stirnemann
Eisschnelllauf
● ● ●
● ● ● ●
● (1992–1998)

Da muss ich einmal gewesen sein!

98

Welterbestätten

Jahr der Aufnahme

1. Aachener Dom 1978
2. Dom zu Speyer 1981
3. Würzburger Residenz und Hofgarten 1981
4. Wallfahrtskirche „Die Wies" 1983
5. Schlösser Augustusburg und Falkenlust in Brühl 1984
6. Dom und Michaeliskirche in Hildesheim 1985
7. Römische Baudenkmäler, Dom, Liebfrauenkirche von Trier 1986
8. Hansestadt Lübeck 1987
9. Schlösser und Parks von Potsdam und Berlin 1990
10. Kloster Lorsch 1991
11. Bergwerk Rammelsberg und Altstadt von Goslar 1992
12. Altstadt von Bamberg 1993
13. Klosteranlage Maulbronn 1993
14. Stiftskirche, Schloss und Altstadt von Quedlinburg 1994
15. Völklinger Hütte 1994
16. Grube Messel 1995
17. Kölner Dom 1996
18. Das Bauhaus und seine Stätten in Weimar und Dessau 1996
19. Luthergedenkstätten in Eisleben und Wittenberg 1996
20. Klassisches Weimar 1998
21. Wartburg 1999
22. Museumsinsel Berlin 1999
23. Gartenreich Dessau-Wörlitz 2000
24. Klosterinsel Reichenau 2000
25. Industriekomplex Zeche Zollverein in Essen 2001
26. Altstädte von Stralsund und Wismar 2002
27. Oberes Mittelrheintal 2002
28. Rathaus und Roland in Bremen 2004
29. Muskauer Park 2004
30. Grenzen des Römischen Reiches: Obergermanisch-raetischer Limes 2005
31. Altstadt von Regensburg mit Stadtamhof 2006
32. Alte Buchenwälder 2007
33. Siedlungen der Berliner Moderne 2008
34. Wattenmeer 2009
35. Fagus-Werk in Alfeld 2011
36. Prähistorische Pfahlbauten um die Alpen 2011
37. Opernhaus Bayreuth 2012
38. Bergpark Wilhelmshöhe 2013

Kulturdenkmäler
Naturdenkmäler

99

Beliebteste Urlaubsziele

Deutsche Besucher pro Jahr

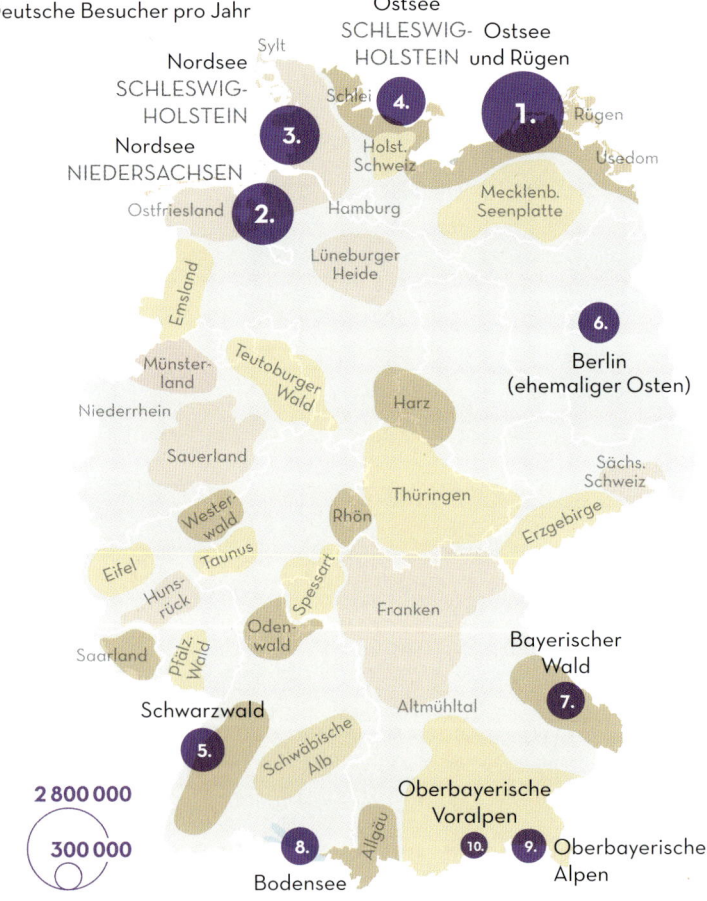

Ostsee
SCHLESWIG-
HOLSTEIN

Ostsee
und Rügen

Sylt

Nordsee
SCHLESWIG-
HOLSTEIN

Schlei

4.

Rügen

1.

3.

Nordsee
NIEDERSACHSEN

Holst.
Schweiz

Usedom

Ostfriesland

2.

Hamburg

Mecklenb.
Seenplatte

Emsland

Lüneburger
Heide

Münster-
land

Teutoburger
Wald

6.

Niederrhein

Harz

Berlin
(ehemaliger Osten)

Sauerland

Sächs.
Schweiz

Thüringen

Wester-
wald

Rhön

Eifel

Taunus

Erzgebirge

Huns-
rück

Spessart

Saarland

Pfälz.
Wald

Oden-
wald

Franken

Bayerischer
Wald

7.

Schwarzwald

Altmühltal

5.

Schwäbische
Alb

2 800 000

Oberbayerische
Voralpen

300 000

Allgäu

8.

10.

9.

Oberbayerische
Alpen

Bodensee

Beliebte Sehenswürdigkeiten

Die Favoriten der Deutschen

HAMBURG

6. Hafen und Fischmarkt

BERLIN

3. Brandenburger Tor
8. Fernsehturm
9. Reichstag

7. Schwebebahn

WUPPERTAL
KÖLN

DRESDEN

1. Kölner Dom

2. Frauenkirche
5. Zwinger

HEIDELBERG

10. Schloss

4. Schloss Neuschwanstein

SCHWANGAU

+ 1

Witzige Ortsnamen

- ■ spezielle Interessen
- ■ Lebensentwürfe
- ■ schlüpfrig
- ■ lecker
- ■ vorlaut
- ■ Reiseziele
- ■ legendär

QUELLEN

1 Deutscher Bundestag
2 flaggenkunde.de
3 Bundesregierung,
   Bundesministerium des Inneren
4 mittelpunkt-deutschlands.de; der Geografische Mittelpunkt kann nach unterschiedlichen Methoden bestimmt werden
6 Wikipedia (Stand 2013)
10 Statistisches Bundesamt, Bundesamt für Seeschifffahrt und Hydrographie
11 zensuskarte.de (2011)
12 Bundesministerium für Ernährung, Landwirtschaft und Verbraucherschutz, Nationale Koordinationsstelle Tourismus
13 baumkunde.de, waechtershaeuser.de
14 Naturschutzbund Deutschland, Broschüre: Deutscher Jagdschutz-Verband e.V. und seine Landesjagdverbände
15 skyscraperpage.com
16 Wikipedia
17 leuchtturm-atlas.de, Wikipedia
18 Wikipedia
19 brueckenweb.de, Wikipedia
21 Webpräsenz der Stadien
22 Webpräsenz der Konzerthallen
24 regionalgeschichte.net, Wikipedia
25 Bundeszentrale f. polit. Bildung
29 Der Bundespräsident (2013)
30 Die Bundeskanzlerin (2013)
31 bundeshaushalt-info.de
   Bundesfinanzministerium (2013)
33 Deutsche Bundesbank, Statistisches Bundesamt, Bund der Steuerzahler Deutschland e.V.
34 Webpräsenz der Einrichtungen
35 Bundesnachrichtendienst, Amt für den Militärischen Abschirmdienst, Bundesamt für Verfassungsschutz, Webpräsenzen der Landesämter für Verfassungsschutz

36 Prof. Dr. Oskar Niedermayer, Otto-Stammer-Zentrum, Freie Universität Berlin (polsoz.fu-berlin.de)
37 Webpräsenzen der Verbände, Vereine und Stiftungen & Wikipedia
38 Statistisches Bundesamt (2013)
39 Statistisches Bundesamt (2012)
40 Bundeskriminalamt (2013)
41 Statistisches Bundesamt (2012)
44 Wikipedia
45 Deutsches Zentrum für Luft- und Raumfahrt
46 Wikipedia
47 Kraftfahrt-Bundesamt (2013), Verband der Automobilindustrie (2013)
48 Forbes (2013)
49 Eurostat (2013)
51 Bundesnetzagentur
52 autokennzeichen.info, Wikipedia
53 Wikipedia
54 Deutsche Bahn 2012
55 Statistisches Bundesamt (2012) (letzte Schätzung der Gemeindestraßen 1993)
56 Arbeitsgemeinschaft Deutscher Verkehrsflughäfen (2012)
57 beliebte-vornamen.de
58 bedeutung-von-namen.de
59 hoeckmann.de
60 REMID (2012)
61 Bundesministerium des Inneren
62 ZiviZ – Zivilgesellschaft in Zahlen (2013)
63 hundeseite.de
64 Wikipedia (Stand September 2013), dfg.de, stifterverband.org
65 inside-getraenke.de (2012)
66 ladenzeile.de (2011/2012)
67 Deutsches Weininstitut (2011)
68 ARD-Buffet 2011

69 Zentralv. d. Deuts. Bäckerhandwerks e.V. (2012)
    nach Angaben der GfK
73 Wikipedia (Stand August 2013)
74 Wikipedia (Stand August 2013)
75 Wikipedia (Stand August 2013)
76 Wikipedia (Stand August 2013)
77 Fernsehreihe „Unsere Besten" 27.4.2007,
    Facebook Stand 3.9.2013
79 Fernsehreihe „Unsere Besten" 26.4.2008
81 meedia.de
82 Wikipedia (2013)
84 Deutsche Post, DHL, Horizonte (2010)
85 Webpräsenzen der Zoologischen Gärten (2011)
86 Webpräsenzen der Freizeitparks (2012)
87 Webpräsenz der Feste und Festivals (2012
88 Wirtschaftswoche, Nr. 48, 26.11.2012 (Daten 2011)
89 Deutscher Olympischer Sportbund (2012)
90 bundesliga.de, Wikipedia
91 Udo Muras (Sportjournalist)
92 transfermarkt.de (Stand: 10. September 2013)
93 Wikipedia, noodls.com
94 Wikipedia
95 Wikipedia
96 focus.de (10.01.2013)
97 olympia-lexikon.de (2013), Wikipedia
98 UNESCO
99 Forschungsgemeinschaft Urlaub und Reisen 2012
100 Deutsche Zentrale für Tourismus 2012
+1 IN GRAPHICS MAGAZIN VOL. 3

Die Behandlung einzelner Themen ist zum Teil eine sub-
jektive Zusammenstellung, da eine eindeutige Gliederung,
Hierarchie oder Sammlung oft nicht gegeben ist oder nur
schwer nach objektiven Gesichtspunkten erfolgen kann.

IMPRESSUM

MAIRDUMONT GmbH & Co KG – VERLAG KARL BAEDEKER

Idee & Konzept: Jan Schwochow, Golden Section Graphics GmbH
Redaktion & Gestaltung: Golden Section Graphics GmbH
Chefredaktion: Rainer Eisenschmid (Baedeker) und Jan Schwochow
Lektorat: Michaela Harnisch

1. Auflage 2014

© GOLDEN SECTION GRAPHICS
und MAIRDUMONT GmbH & Co KG; Ostfildern

www.baedeker.com
Printed in China